数字时代的品牌传播教程

曾莉芬 编著

浙江工商大学 出版社
ZHEJIANG GONGSHANG UNIVERSITY PRESS
·杭州·

图书在版编目(CIP)数据

数字时代的品牌传播教程 / 曾莉芬编著. — 杭州：
浙江工商大学出版社, 2024.11

ISBN 978-7-5178-5931-4

Ⅰ.①数… Ⅱ.①曾… Ⅲ.①品牌－传播－教材

Ⅳ.①F273.2

中国国家版本馆 CIP 数据核字(2024)第 003967 号

数字时代的品牌传播教程

SHUZI SHIDAI DE PINPAI CHUANBO JIAOCHENG

曾莉芬 编著

策划编辑	任晓燕
责任编辑	金芳萍
责任校对	沈黎鹏
封面设计	望宸文化
责任印制	祝希茜
出版发行	浙江工商大学出版社
	(杭州市教工路198号　邮政编码310012)
	(E-mail:zjgsupress@163.com)
	(网址:http://www.zjgsupress.com)
	电话:0571-88904980,88831806(传真)
排　版	杭州朝曦图文设计有限公司
印　刷	杭州宏雅印刷有限公司
开　本	710mm×1000mm　1/16
印　张	13.25
字　数	240千
版印次	2024年11月第1版　2024年11月第1次印刷
书　号	ISBN 978-7-5178-5931-4
定　价	58.00元

总　序

2022年10月16日,党的二十大报告提出要加快建设"数字中国"。数字中国的建设推进了社会全面进入数字时代。数字时代深刻地影响了传媒业的发展,随着媒介技术变迁,媒体生存状况发生了巨大的变化。在数字时代,互联网和移动设备改变了媒体行业的面貌,数字智能设备极大地提升了人类搜索、聚合与传播新闻信息的能力。

教育部在2020年11月3日发布的《新文科建设宣言》中指出:"新时代改革开放和社会主义现代化建设的伟大实践是深耕新文科的肥沃土壤。推进新文科建设,要坚持不懈挖掘新材料、发现新问题、提出新观点、构建新理论,加强对实践经验的系统总结,形成中国特色文科教育的理论体系、学科体系、教学体系,为新一轮改革开放和社会主义现代化建设服务。"

在此背景下,新闻传播学教育面临着改革与转型,为此我们精心策划并组织编写了这套新形态教材——"数字化背景下新闻传播前沿教材"。对标《教育部 中共中央宣传部关于提高高校新闻传播人才培养能力 实施卓越新闻传播人才教育培养计划2.0的意见》提出的培养"具有家国情怀、国际视野的高素质全媒化复合型专家型新闻传播后备人才"之要求,这套教材密切关注新闻传播学的前沿动态,深入观察国内外新闻实践的探索与变化,力图在数字化、媒介化和全球化的大背景下建构知识体系,充分体现新文科背景下全媒体人才培养的全新要求。

这套教材以"理论＋案例＋实务"构建三位一体的内容框架体系,旨在突出新闻传播知识的学术性、前沿性和实用性;以OBE理念为导向,以学生为本,组织教学的结构脉络,注重融入思辨融合变革热点的探究式学习和实操融合新闻业务的场景式学习。我们将努力打造三个特色：一是教材以马克思主义新闻观为引领，凸显思政育人的特色；二是适应新媒体传播方式，突出"创新思维、融合贯通"的特色；三是立体化建构教学数字资源，突出教材可扩容的特色。教材各章设置本章要点、关键词、拓展阅读和思考题，以便学生掌握知识要点、拓宽视野、巩固复习和实操演练。教材全景式展现数字时代融媒发展的知识地图，适用面广。教材综合了理论、案例和实操，既可作为高校新闻传播类专业的配套教材，也可为融合新闻实践的从业者提供参考。

浙江工商大学新闻学专业创办于2009年，2021年入选了教育部"双万计划"国家级一流本科专业建设点，并建设有国家级一流课程，获得了全国高校教师教学创新大赛正高组二等奖、浙江省高校教师教学创新大赛正高组特等奖，获批浙江省普通本科高校"十四五"首批"四新"重点教材三本、第二批"四新"重点教材三本，获得了校级教学成果一等奖，等等。与很多同行院系相比，我们的专业是年轻的，我们的发展离不开学科同人们的精诚合作与共同努力，也受益于各位领导和学界、业界师友们的关心和帮助，在此深表感谢！

李蓉

2024年11月

前　言

　　数字时代的到来给品牌传播带来了前所未有的挑战和机遇。随着互联网、社交媒体和移动技术的普及,消费者的行为和偏好发生了巨大的变化。

　　一方面,消费者的互动性和参与度得到了提升。数字时代,消费者可以更轻松地与品牌进行互动。通过社交媒体、直播、短视频等形式,消费者可以与品牌进行实时互动,发表评论,分享体验,甚至参与到品牌的创意过程中来。这使得品牌可以更好地与消费者建立联系,提升品牌口碑和消费者对品牌的忠诚度。

　　另一方面,数字时代,企业可以通过大数据分析技术更准确地了解消费者的需求和行为模式,以更精准地定位目标群体和制订营销策略。例如,通过分析用户的购物历史、搜索记录等数据来制订更有效的传播策略及内容。

　　同时,技术的不断创新和发展为企业提供了更多的品牌传播工具和手段。例如,人工智能、虚拟现实、增强现实等技术为企业提供了新的品牌传播机会和创新空间。

　　这些都给企业的品牌传播带来了一些新的挑战:如何面对消费者需求越来越多样化、竞争更加激烈的市场? 如何应对传播渠道多样化和触点不断丰富带来的挑战? 如何更好地做好数据安全和隐私保护,以及如何更好地进行管理和监控? 在这样的快速变化下,建立新的传播范式势在必行。

　　本书旨在探讨数字时代的品牌传播新范式,帮助学生、品牌管理者更好地理解数字时代的特征和对品牌传播的影响。我们将讨论消费者在数字时代的行为特征,以及他们与品牌互动的新方式。我们还将深入研究数字营销、内容营销、社交媒体营销等新兴渠道,探讨如何利用这些渠道传播品牌形象和核心价值观。在本书中,我们将分享大量的最新的数字化品牌创建案例及研究成果,帮助学生更好地把握数字时代品牌传播的趋势和规律。我们还将提出一些创新的品牌传播策略和方法,帮助学生更好地应对数字时代带来的挑战,实现品牌与消费者之间更紧密的连接。

同时,在本书中,我们积极融入党的二十大精神,引导学生正确认识品牌传播的社会责任,促使学生清晰地认识到品牌传播不仅仅是推广商品和服务,更是承担公共责任和发挥社会影响力。本书的每一章节中都有案例窗,通过案例分析和讨论等方式,强调品牌传播过程应遵循诚信、公正和真实的原则,不做夸大虚假宣传,不传播负面信息和不良价值观,以此推动青年学生成为社会主义核心价值观的传播者,引领社会风气向上向善。

数字时代的品牌传播新范式已经来临,我们必须及时调整我们的思维和策略,才能在未来的社会中更好地立于不败之地。本书也是学院老师共同努力的成果。吴凡老师负责本书的第三章和第六章;门书均老师负责本书的第二章和第四章;沈铁鸣老师负责本书的第七章;周志平老师负责本书的第八章;我则负责本书的第一章和第五章,以及全部内容结构的统筹规划。我们相信,《数字时代的品牌传播教程》能给学生带来有价值的参考和启示。

曾莉芬

2024 年 11 月

目　录

第一章　数字时代的品牌传播 ·············001

第一节　从古登堡的印刷术到数智互联技术 ·············004

第二节　品牌的第一性原理 ·············008

第三节　数字时代品牌传播范式的变化 ·············014

第二章　数字时代品牌传播技术的变迁 ·············020

第一节　消费者数据获取技术与数字消费者洞察 ·············023

第二节　社会化网络与社交工具的变迁 ·············037

第三节　元宇宙与认知思维的变化 ·············047

第三章　数字时代用户的变化 ·············054

第一节　用户认知和用户权力的变化 ·············057

第二节　用户需求的变化 ·············071

第三节　用户决策流程的变化 ·············080

第四章　数字时代品牌传播主体和目标的变化 ·············089

第一节　生产模式改变导致品牌传播目标的变化 ·············092

第二节　企业主体的传播需求和传播模式的转变 ·············102

第三节　"以终为始"的目标设定 ·············106

第五章　从媒介到触点:数字时代品牌传播介质的变化 ················ 111

　　第一节　万物皆媒介的全触点变化 ················ 113

　　第二节　触点及其类型 ················ 117

　　第三节　品牌触点的梳理、选择与创新 ················ 121

第六章　数字时代的品牌内容传播 ················ 129

　　第一节　从认知内容传播到全感官体验内容传播 ················ 132

　　第二节　从单向传播到互动传播 ················ 140

　　第三节　基于行为触发的内容传播 ················ 147

第七章　数字化的品牌传播表达 ················ 157

　　第一节　传播技术和其他技术融合的新表达 ················ 159

　　第二节　全天候、场景化的品牌传播表达 ················ 168

　　第三节　未来:媒介渠道融合后的探索、创新与平衡 ················ 176

第八章　数字时代的品牌传播管理 ················ 183

　　第一节　品牌传播的系统化思维 ················ 184

　　第二节　品牌传播的变化性管理 ················ 190

　　第三节　全媒体矩阵助推精准传播 ················ 197

参考文献 ················ 202

第一章　数字时代的品牌传播

本章要点:

1.从技术变迁的角度理解数字时代的最基本特征——连接。

2.依照品牌最根本的四个属性,思考品牌理论变迁的规律。

3.数字时代品牌传播范式发生的转变。

关键词:

技术变迁;第一性原理;雅各阶梯模型;品牌传播范式

数字时代,信息技术、互联网技术快速更迭和发展,人们的需求日益多元和个性化,社会从工业革命时代进入万物互联时代,这些变化对于品牌而言意味着变革和更新。品牌传播作为品牌构建的关键环节,其范式也随之发生变化,"大传播＋大渠道"的传播方式瓦解,功能与形象价值导向转向价值观与意义导向,认知劝服转向行为体验与诱发,"大产品＋大传播"模式转向"小人群＋多扩散"模式。

案例窗:瑞幸咖啡的数智传播

截至2022年第一季度,瑞幸咖啡在中国的门店数量达到6580家,包括4675家自营门店和1905家联营门店。而根据星巴克2022财年第二季度财报,截至2022年4月3日,星巴克中国门店数量为5654家。这意味着只用了短短4年时间,瑞幸咖啡就已经成为中国门店数第一的连锁咖啡品牌。更重要的是,在2021年第一季度,瑞幸咖啡净亏损1.76亿元,而在2022年,瑞幸转亏为盈,净赚1980万元。无论是门店业绩增长速度还是门店扩张速度,瑞幸都完成了对星巴克的超越。

事实上,瑞幸的"高速"在试用期已经昭然若揭。小蓝杯"从0到爆",只用了短短不到5个月的时间。4个多月的试用时间,瑞幸咖啡已经把店开到了13个城市,客户达到130万人,下单量300万单,卖出去500万杯咖啡,完成门店布局超过500家。自1999年进入中国的星巴克,2018年全国门店约3200家,年平均开店约170家;而自2006年进入中国的国内第二大咖啡连锁店COSTA至2018年总共才开了449家门店。

瑞幸为什么可以用如此短的时间,取得这样的成绩?抛开商业上的定位清晰、资本助力等因素,我们仅从品牌传播的角度来看看瑞幸的传播之道,可以确信的一点是,瑞幸为数字时代的互联网品牌传播打造了一个极好的样板。总结一下,瑞幸的传播之道有以下几点。

第一,变广告费用为领券补贴,疯狂拉新和裂变。瑞幸的起手势就如此与众不同。超性价比咖啡及补贴裂变拉取了大量新用户。凭借疯狂的补贴,瑞幸捕获到了大量热衷于咖啡但又深感星巴克价格太贵的消费者。"下单送券""买一送一""送TA咖啡""天天有福利""直播间领券""每周满7件,瓜分五百万""咖啡钱包""下单送券"……各种名目的活动和领券方式,以及不同目标对象、不同场景的活动不断地培养着用户的咖啡消费习惯,同时,也将瑞幸的品牌认知植入用户心中。

第二,线上线下联动,完成行为的诱发之道。瑞幸在品牌建立之初,完成了传统品牌的惯常步骤:设计品牌视觉形象,邀请代言人,投放电梯广告。但有两点却和传统品牌有所不同。一是瑞幸电梯广告并不只具有"观看"功能,而是添加了"互动"的作用。新客户可以扫描二维码,免费领取一杯咖啡。二是瑞幸最早的广告语强调"好的咖啡没那么贵",虽然有针对星巴克的嫌疑,但这样的广告语无疑是表达了自己的价值观,同时,也很好地消解掉了"便宜"带给用户的品牌低调性。瑞幸很好地在一个相对完整的场景中实现了线上线下联动,完成了针对用户的有效说服。

第三,把人群打透的精准营销。以往的品牌传播广告,大多是以媒介形式为核心的饱和式覆盖,比如把央视的广告打透,把公交站牌打透,把微博广告重复打透,而瑞幸则用 LBS(Location Based Serrices,基于位置服务)精准定向投放,把人群打透,用不同的媒介组合重复覆盖一个人群。其结果就是在瑞幸覆盖圈范围的消费者,绝对会有"铺天盖地"的感受。早上出门在电梯看到它的广告,在路上有比较大的可能会看到它的线下门店,到公司上楼又看到它的广告,到公司坐下刷一会儿朋友圈,看到的还是它的广告。过一会儿,瑞幸的咖啡券信息也发到人的手机上了。

第四,"咖啡＋万物"的破圈传播之道。2022年第一季度,瑞幸就推出了34款新品,花魁5.0、瓦尔登滑雪拿铁、珞珈樱花拿铁等新品成了当季爆款。而在2022年4月推出的椰云拿铁,第一周即售出了495万杯。在频频新品破圈的背后,是瑞幸"咖啡＋万物"的破圈理念,"咖啡＋椰汁""咖啡＋烘焙""咖啡＋茶"等各种咖啡新形态的出现,既是瑞幸的"多元化新品战略",也是吸引消费者注意力的创新之道。

第五,"无限场景"给到用户更多触点。在瑞幸看来,"无限场景"是其区别于星巴克的重要品牌战略。瑞幸基于"无限场景"给到用户更多无限制的触点,门店、杯套、立牌、纸套、加油签周边、H5(HTML5,即第五代超文本标记语言,也指用 H5 技术制作的一切数字产品)、咖啡券等,都成为瑞幸与用户沟通的有效触点,真正实践了"万物皆是媒介"的理念。

✎ **思考题**

1.瑞幸的频频破圈、跨界合作,带给瑞幸的价值和意义是什么?

2.从2018年到2022年,瑞幸在短短4年多时间取得如此成绩,其背后有哪些技术在支撑?

第一节　从古登堡的印刷术到数智互联技术

1517年10月31日,一位年轻的神父因不满教会出售赎罪券,写作了《就赎罪券之法力及效力之辩论》一文,并将要讨论的论纲的单子贴在了兼作大学告示板的维登堡教堂的大门上,想以此和教堂方发起辩论。接着,不寻常的事情发生了。

这篇辩论文虽然是用拉丁文写的,但立即引起了骚动,先是在维登堡的学术界传播,随后传播到更大范围。手抄本先开始流传。到1517年12月,这位神父的朋友们出资印成的辩论文小册子或大幅海报在莱比锡、纽伦堡和巴塞尔同时出现。一个头脑灵活的印刷商很快出版了辩论文的德文译文,使更多的人能够读懂,而不是只有懂拉丁文的学者和僧侣能阅读。辩论文以惊人的速度传遍了德语地区。更令人意外的是,这个意外之举最终改变了西方世界甚至是全世界的历史。这位年轻的神父名叫马丁·路德,他写的辩论文便是著名的《九十五条论纲》。路德的朋友弗里德里希·米孔纳斯后来写道:"短短14天内,论纲就传遍了德意志;四个星期后,几乎整个基督教世界都对它们耳熟能详,好像天使是传送它们的信使,把它们带到所有人的眼前。简直难以相信有多少人在谈论它们。"[①]

马丁·路德也开始意识到,公众的支持更有利于他的思想传播。把论纲贴在教堂门上,只是博眼球的行为,《九十五条论纲》最后真正的传播靠的是印刷术。按照现在专家的推测,古登堡在1450年左右发明了活字印刷术。从表面上来看,活字印刷术似乎只是对出版行业产生了影响,但实际上并非如此。马丁·路德的《九十五条论纲》借助古登堡的活字印刷术的威力,立即风行开来,同时,马丁·路德率先用大众化的德文翻译《圣经》,使其为普通老百姓理解和接受,从而动摇了教会的权威,由此掀起了轰轰烈烈的宗教改革。新教逐步成长起来,打破了罗马教廷的权威,通过引导信徒借由信仰直接与上帝沟通,开启了现代的精神自由,由此改变了整个欧洲的历史。技术

---

① 〔英〕汤姆·斯丹迪奇:《社交媒体简史:从莎草纸到互联网》,林华译,中信出版社2019年版,第62页。

产业和思想革命相互成就,马丁·路德为印刷商开辟了全新的市场,印刷商则配合马丁·路德快速传播其新学说与新思想,两者相互促进。同时,也正是印刷术,让马丁·路德有了更多的群众基础,从而保护了马丁·路德。

印刷术让知识的传播变成了简单的事,文盲数量大量减少。而其后印刷术的广泛传播带来的思想的快速传播让统治者感到害怕。16世纪期间,整个欧洲对印刷品的内容及印刷商的控制日趋严格,而这种管制的日趋加紧,却激发了一篇最早也是最雄辩的捍卫言论自由原则的文章——约翰·弥尔顿的《论出版自由》。其后,政治也开始成为公众谈论的话题,驱动讨论的就是媒体的信息分享。自由出版除了使得政治思想传播得更快、更容易,还因讨论的参与者努力争取并影响公共舆论而改变了政治讨论的性质。因此,甚至可以说,没有古登堡,文艺复兴、宗教改革、启蒙运动、工业革命都可能推迟或不发生。

可以说,一项技术的发明,改变了信息传播的速度和方式,改变了受众人群,从而也改变了社会民众的大脑和思考行为方式,最后使宗教、政治和社会都产生颠覆性的变革。

一、数字时代"95条论纲"——《线车宣言》

1999年,里克·莱文等人出版了《线车宣言》一书,书中包括"95条军规",这显然是参考了马丁·路德400多年前在维登堡教堂上贴的《九十五条论纲》。《线车宣言》拒绝将互联网的商业构想局限于物品繁多的在线购买中心,而选择将网络构想为"古代希腊广场",成为人们聚集在一起交易商品和讲故事时必不可少的社会场所。《线车宣言》中的很多观点,今天看来仍字字珠玑。比如:

> 市场就是对话。
> 互联网使得人与人之间可以自由交流,这一点是大众传媒时代无法实现的。
> 超链接颠覆了森严的等级。
> 这种网上交流,促成强有力的新型社会组织和新型知识交换方式的出现。
> 因此,客户变得越来越精明强干、消息灵通、有组织性。参与

网上市场，使人发生了根本性的转变。

没有秘密可言。网上客户对企业产品的了解，胜过企业自身对产品的了解。不论消息是好是坏，网上客户会一概公布出去，让天下皆知。

用不了几年，当前这种通行于世的"商业腔调"——那种企业目标宣言、营销手册上的腔调——听起来就会像18世纪法国宫廷语言一样矫揉造作。

试图给自己"定位"的企业需要选定立场，这一立场最好与其客户真正看重的东西有关。

不属于任何交流群体的企业将无法生存。

我们正在觉醒，互相建立联系。我们在观望，但我们绝不等待。①

……

对于传统的官僚式权力机构来说，《线车宣言》是一本革命性的书籍，并非常具有前瞻性。在当时的美国，Friendster和MySpace之类的社交网站开始萌芽，并渐渐开始改变人们的社会互动方式。

《线车宣言》提及的不仅仅是技术的变化，更多的是技术所带来的信息交流方式、新型社会组织和社会结构、交流的信息内容的变化，甚至是信息交流双方关系的一种重构。《线车宣言》的出版也拉开了对于进入互联网时代后，人及人类社会未来可能发生变化的波澜壮阔的思考和讨论：丹尼尔·贝尔用后工业社会来反思工业社会和现代性，对未来的社会进行预测；凯文·凯利的《失控》大名鼎鼎，他认为未来的"人机共同体"中，嵌入技术元素的"新人"，将彻底告别工业时代的世界观，告别对确定性世界的迷恋，步入"不确定性主宰的时代"；荷兰鹿特丹伊拉斯姆斯大学人类与文化哲学教授约斯·德·穆尔则说过一句经典的话："精神分裂症的春天到了。"

互联网的概念仍在不断地进化，《线车宣言》开启了web2.0时代，现在的互联网则开始进入3.0时代。物联网的快速发展，让万物互联逐渐变成现实，而当一切都数字化、在线化之后，互联网在人工智能技术的辅助下，必然迎来数智化。

① 〔美〕里克·莱文、克里斯托弗·洛克、道克·希尔斯、戴维·温博格：《线车宣言：互联网的95条军规》，中国青年出版社2010年版，第12—18页。

二、数智化的时代特征

数字时代的最基本特征在于"连接",一切变化也因连接而起。在讲数字时代之前,我们可以先看一看传统的工业社会,是如何构建起其庞大的商业体系和社会宣传机器的。

印刷术的发展,让其拥有对广大民众的影响力。早期的报纸,因为自身成本的原因,很难有效获得盈利。于是,报纸商开始试着在报纸上刊登广告,并尝试着在报纸上用不同的形式、不同的内容来刊登广告,以探知哪个效果是最好的。最后报纸商发现,在报纸内容中间刊登广告,在读者阅读报纸的过程中,强迫他们中断,是最有效的方式。尽管他们也担心读者会有所反对,但是最后的结果是受众也慢慢接受了这种方式。工业革命萌芽后,借由技术和生产方式的改变,各个国家的产品开始了大规模化的生产之路。这些大量生产出来的产品,须要跳出原来的小范围的销售圈去到更远的地方,甚至其他国家。当时,报纸和产品生产商一拍即合,信息传递的快速和范围的扩大,以及如何才能更好地在报纸上刊登广告以吸引消费者购买产品的思考成就了最早的现代广告业。

而广播电视的发明,让人们发现大众传播的威力原来如此巨大。一夜之间,一个电视台、一个广告就能让一个产品变得畅销。企业开始思考如何适应大工业和大传播时代,提升运营效率。这一阶段也诞生了诸如宝洁之类的典型性企业,它们倚靠"大生产+大零售+大渠道+大品牌+大物流+大传播",生产出一个个物美价廉的好东西,通过全国性的广告投放、全国性的渠道,接触全国甚至全球性的消费者。此时,消费者的需求是同质化的,消费者的信息来自大传播的媒介,消费者是"靶子",等着被各种信息穿透。而电视台和大渠道往往只掌握在少数的组织和企业手里,这使得宝洁建立起了极高的竞争壁垒。

但在数字时代,这一切都变了。

在传播的大工业时代,消费者对于传媒机构而言,是一个个散落的点,只须用"机关枪"进行大范围的扫射,就能击中目标。但是在数字时代,原本一个个散落的点开始连接起来,成为社群或部落,相互之间开始有了沟通和互动,有了信息交流,并且开始拥有了自身的权力。这些社群散落在漫无边界的网络当中,深邃而多维,远非工业时代那样一目了然。任何机构或组织都没有办法掌控这深邃而多维的社群空间。社群连接的同时,也碎片化了。后工业时代的物质丰裕后,消费者的需求也开始发生变化:在社群当中,消费者开始找到归属感和意义感,而不只是为物欲所累;消费者更愿意倾听同伴在说什么,而不只是看电视、报纸在说什么;消费者开始拥有了更多的权力,而不再只是一个被动的靶子;消费者的信任更多地来自同伴的使用经历和感受分享,而不再是广告。

数字时代的连接,改变的不只是消费者,还有企业。一方面,作为需求的供给方,企业在应对消费者变化方面开始做出自我调整。消费者需求的变化催生了个性化生产;消费者信息沟通方式的变化,催生了企业与用户之间信息沟通方式的变化。另一方面,数智化的连接也成为企业新的工具,产品的设计、开发、生产等方面开始了更多的变化。深邃而多维的互联网,让企业开始意识到它们再也没有权力去掌控,未来面对的会是一个不确定的时代,企业对自己和消费者之间的关系也不得不重新思考和衡量。

一个新的时代就这样开始了,但一个问题也浮出了水面:在这样一个新的时代,我们还需要品牌吗?

第二节　品牌的第一性原理

未来的数字时代,还需要品牌吗? 美国斯坦福大学商学院营销学教授伊塔玛·西蒙森和市场营销专家艾曼纽·罗森在《绝对价值:信息时代影响消费者下单的关键因素》中,对这一问题进行了深入思考。在他们看来,传统品牌追求的"用户忠诚度"已死,因为消费环境已经发生了空前的变化,从前依靠定位理论和跨越鸿沟理论转化的用户,已经对品牌不再忠诚,用户越来越趋向于绝对价值。什么是绝对价值? 绝对价值就是产品的质量、体验、价格、性价比和他人的评价。一个产品好喝就是好喝,好用就是好用,如果不好用,那即使营销再好、广告再好也是没有用的。

品牌似乎走到了它的末路。但所有的理论都有其边界,要正确理解"数字时代的品牌传播",一方面需要我们回顾品牌概念的发展历史,从各个理论诞生的时代背景中,看出具体理论的局限性和适用性。另一方面,则需要我们再往下一层,回到第一性原理,看看品牌到底是什么,品牌对于消费者和企业的意义和价值是什么。

一、回到品牌的第一性原理：品牌到底是什么

品牌是什么？现在商业意义上对品牌的来源基本上有两种理解：一是品牌来自马蹄上的烙印，强调主权；二是宝洁公司在19世纪中期无意中发现了产品标识的价值，形成了后来的品牌。码头工人开始在宝洁产品的纸箱上标上一个简单的星形，后来宝洁公司很快注意到，购买者会把这个星形记号看成质量的象征而积极购买，一旦纸箱上找不到星形标志，销售商就会拒绝这批产品。这也推动了商业化的图形标签、装饰物和符号的应运而生。

随着现代西方商业的发展，品牌开始获得了至高的荣誉。"营销的精髓在于品牌""品牌是现代商业皇冠上的明珠""任何人都可以销售产品，但只有真正的天才能够建立全球性的品牌"……这些话语都凸显了品牌的作用和地位。

那品牌为什么重要？在《品牌思想简史》中，卢泰宏教授说到"品牌之奥秘，核心在于马太效应"①。"有了的更有，没有的更没有"，这种社会学定律在商业世界中同样有效。品牌具有最大的商业效应。当一个企业有了品牌之后，企业就能更好地获得溢价，更好地占领新市场，新产品也能更快地进入市场，即便偶尔犯下错误，似乎也可以更好地获得消费者的谅解。

但有一个问题在于，在西方商业世界形成之前有没有品牌呢？中国的老字号算不算品牌？"西湖"算不算品牌？"许仙"算不算品牌？所以，对品牌的理解，也许需要我们再深入一点去看：人是如何看待和认知世界的？

对于一个事物，如果我们想要记住它或者向别人描述它，那么首先就要命名那些线条和颜色的混杂物，将其分解成能让我们联想到其他事物的部分。而人类在认识各种事物时，首先会明确对象与其他事物有何不同，属于什么类别，然后将其与各种现象、事件联系起来，也就是认知的"分"和"连"，这种"分"和"连"构成了人们对事物认知的基本框架。这是什么？它是怎么分出来的？它和别的事物有什么不同？这是品牌最基础的作用，也是我们通常意义上认为的"符号性"，但"符号"的价值不在于那个视觉的符号本身，而要回答出三个问题：这是什么？这归属什么？它和其他的事物的区别是

---

① 卢泰宏：《品牌思想简史》，机械工业出版社2022年版，第3页。

什么？也就是说，要在万事万物中找到这个事物的坐标所在。

这种符号性也连带引出了品牌的另一个特性——差异性。要认识一个事物，这个事物就必须和其他事物有差异性。在漫长的生物进化过程中，每个物种都有其生存之道，各不相同。差异性并不是为了竞争，而是为了生存。

人能不能"客观"地认识一个事物？答案是——很难。什么是爱情，大概不同的人对这个问题的答案都是不一样的。为什么竹子受古人爱戴，因为它是"中空而有节"的人格体现。物从来不单纯是物，而是与人的精神、心灵和体验相结合的，这个世界是一个物我合一的世界，品牌永远是"精神＋物质"的融合，它不仅关注纯物质的功能，同时还将物质和精神有效融合，从而重塑人对一个事物的认知。"品牌"是商业世界里少有的对人有全面性的认知的事物，它更关注物质产品的"意义性"或"灵魂性"。

正因为人类永远无法"客观"地认识一个事物，所以，人在做选择时总是在寻求着一些捷径。尼采认为事实并不存在，存在的只是有创造力的人和他们的解释。马克·吐温也说，一般人缺乏独立思考的能力，不喜欢通过学习和自省来构建自己的观点，然而却迫不及待地想知道自己的邻居在想什么，接着盲目从众。而盲目从众也是人类选择时的一条捷径，类似的捷径还有很多，比如习惯、对某些人或物的天然信任、相信"亲眼所见"、相信自己过往的经历甚至是单纯的重复曝光效应。没错，一个事物只要不断地重复出现在消费者眼前，就能使消费者产生信任感。这也是大传播时代，广告商要不断地通过广告让自己出现在消费者面前的理论原因。在《思考，快与慢》中，作者丹尼尔·卡尼曼就提出大脑占身体体重的2%，却消耗身体20%的能源。它无法一直去注意所有的刺激，因此我们必须将常用行为习惯化来减少能源支出。我们大脑中有两个系统，系统1的运行是无意识且快速的，不怎么费脑力，没有感觉，完全处于自主控制状态；而系统2将注意力转移到需要费脑力的大脑活动上来，例如复杂的运算。而人类95%的行为是由系统1所驱动的。

所以，以上所述，才是品牌最根本的四个属性所在：

符号性，是为了表明品牌的身份，品牌不只是视觉的外在符号。

差异性，是为了生存，为了共同，而不仅仅是为了竞争。

意义性，是作为人这一灵性生物的永恒追求。

信任感，是人类做出选择时必不可少的助推剂。

二、不同的品牌理论及其变迁

依照上述的四个品牌属性,我们再去回顾品牌的理论变迁,便能发现,不同的品牌理论只是在特定的历史条件和商业背景下,对某一属性进行了强化。某种意义上,品牌也是时代背景下的一个小符号。正如张瑞敏所说:没有成功的企业,只有时代的企业。

有意思的是,在国内很受推崇的"符号派"品牌理论,在国外并没有真正得到应用和阐述。如果真要从国外品牌发展的历史当中去追寻品牌理论的历史,大概能追溯到20世纪50年代。第二次世界大战之后的美国经济蓬勃发展,掀起了一股企业VI(Visual Identity,视觉识别)的狂潮。企业发现,只要将企业的logo放大、标准化,让远在高速公路上的消费者能看到,他们就会购买产品。当时的代表性企业是麦当劳,著名的金色拱门也是在那时成形的。而当时流行的营销理论则是"USP理论"——任何一个产品都要有一个独特的卖点。之后,延伸出去,便是很多企业的"VI标准化管理体系",当时的企业符号强调的是一致性和标准性。

随后的品牌形象理论,是在产品日益丰富、开始同质化的20世纪六七十年代产生的。此时,奥美开始意识到人不是完全理性的,消费者在乎形象,在意品牌形象和自身喜好或自身期待之间的关系,消费者开始为那一部分"看不见,摸不着"的精神需求而买单。此时,品牌也完成了其第一次升级,其单纯的VI或者说标记(sign)上升为内在的意义和精神、内涵和联想。

1969年,定位理论横空出世,特劳特先生指出:企业商战的终极战场不在工厂,不在市场,而在用户心智。对企业来说,定位是其最核心价值的浓缩和提炼,是顾客选择你而不选择别人的理由。特劳特由此提出了定位的第一法则:企业要么成为第一,要么去创造一个能够成为第一的领域。定位理论开始将品牌指向了消费者的选择,促使企业去思考消费者为什么会选择一个产品。定位理论认为,消费者往往能记住第一,但记不住第二。消费者在大脑中对一个品类的记忆数量是有限的。而这一切是基于:消费者看完了企业的广告(信息)后,认知并记忆了,最终凭借着记忆做出选择。如何让消费者更好地记忆? 一是开创一个新品类,让消费者觉得你是唯一,或者是品类的代名词。另一种就是单纯曝光效应,铺天盖地的广告宣传最终可以换来消费者脑海中那个被植入的印记。毫无疑问,定位理论也是配合大传播时代而产生的。虽然它将品牌研究的视野延伸到了消费者的选择,但在定位理论中,消费者的选择是因为记忆。这是对的,但肯定是不完整的。因为消费者选择时的信任感的来源是多样化的。

其后,在消费者为什么选择的研究上,越来越多的品牌理念开始产生。比如:MOT(关键时刻)理论指出,是企业的行为和细节影响了消费者的选择;而罗兰·贝格则认为,消费者做出的选择都是由其价值观所决定的,真实的瞬间就是顾客感觉到自己的价值观得到满足并认同这一点的瞬间。企业的品牌化,最关键的是要传递自我的价值观。

同时,不同的行业,因其特性不一样,消费者的选择模式不一样,其在品牌构建的具体方法论上也会有所差异。比如,星巴克这样的服务性行业会更多地采用关键时刻的体验管理,而服装行业则更看重形象化的人格差异,宝洁这类的快消行业则更强调"差异化+大传播"的理论。但整体的思考脉络仍然离不开品牌的四个属性。这才是品牌的底层逻辑。

三、经典品牌理论走向数字时代

关于品牌的研究,一直沿着两条脉络前行:一是什么是品牌,二是如何品牌化。前者关乎品牌对于消费者和企业的意义和价值,而后者则是关乎品牌创建的具体方法论。

学术界将20世纪80年代作为品牌研究的分界点。当时,企业并购活动和全球化的加剧、资本市场的兴起和驱动,让品牌研究进入了现代品牌理论阶段。其中,最有代表性的理论有两个:一是"品牌资产",二是"品牌战略"。当时的品牌研究开始思考,品牌对于企业更有价值的意义是什么?

1991年,美国加州大学伯克利分校哈斯商学院的营销学教授戴维·阿克出版了专著《管理品牌资产》,这就是后来被称为"品牌三部曲"的第一部著作。在这本书中,阿克回答了品牌资产的含义和具体构成要素。他提出的品牌资产包括了品牌认知、品牌忠诚度、品牌联想、感知质量及其他专有资产(如专利、渠道关系)。阿克首次从公司、顾客的双角度来理解品牌资产,同时归纳了品牌资产对公司和顾客两方面的价值。但在笔者看来,品牌资产对企业最大的作用还是在于从顾客的角度,将"虚无"的品牌认知和难以准确量化的品牌价值转变成可衡量的,并且可以跟营销相结合后的一系列用户的认知、态度或行为。此外,阿克也进一步确立了品牌资产来自消费者和品牌之间的关系和连接。尽管要准确地测量品牌资产还是有一定的难度,但是,后来者仍沿着这条线,开始了品牌和营销的融合之路。比如,在《重塑品牌的六大法则:麦当劳是如何为品牌重注活力的》一书中,作者拉里·莱特和琼·基顿对品牌忠诚度进行了阶梯式的划分,将之分为四档:第一档是普通商品,位于这一档的品牌通常在顾客会考虑的范围之内,这些品牌在顾客看来都是一样的,他们喜欢这些品牌,但是看不出它们有什么重要的差异,价格和方便程度才是区别它们的关键。第二档是位列三甲,这些品牌位于消费者为数不多的选项中,通常是他们最先考虑的三个品牌。第三档是优先考虑,顾客会优先考虑这个品牌而不是其他牌子,该品牌是他们最喜爱的选择之一。而第四档是极度热爱,处于这一档的品牌会受到顾客的极度青睐,即使他们选择第二选项的成本会低一些。而且这些顾客不仅会再次光顾,还会向他们的朋友推荐这个品牌。

对于品牌化的研究,不再只是局限于大传播时代品牌对集体受众的"扫射",而是能真正站在不同用户的角度,去思考品牌和用户的关系是什么。在《品牌物理学》中,作者亚伦·凯勒、勒妮·马里诺和丹·华莱士第一次站在了消费者的角度,提出了"雅各阶梯模型"。在他们看来,企业在某个场景中所发出的信息,只是一个信号,这些信号要穿透消费者的感官屏蔽机制,变成某个时刻,从而生产记忆,这种记忆变成能量,驱动销售的达成,给企业带来利润,并最终给企业和消费者都带去价值。人和品牌是在时间和空间中相遇的。这个观点已经脱离了"大传播+大渠道"时代,而是在某一个具体的时间中去分析消费者和品牌的相遇。而时间和空间的不断变化流转,毫无疑问,更适应未来深邃而多维的社交网络世界,这也注定了没有一个品牌构建的理论和方法适合所有的行业、所有的企业。

20世纪90年代,一位美国女性品牌学者弗尼亚提出了另一个影响深远的理论——消费者—品牌关系模型。关系的含义和衡量向来是另一个难题,弗尼亚采用了感性+理性的方式,解析了品牌关系的内幕和结构,并且提供了度量消费者与品牌关系的方法。这一方法也成为后来者的研究源头。面对数字时代,马蒂·纽迈耶在其著作《品牌翻转》中向读者展示了如何从公司驱动的过去飞跃到消费者驱动的未来,以及如何将品牌从提供产品转变为提供意义,将价值保护转变为价值创造,将基于成本的定价转变为关系定价,将细分市场转变为品牌部落,将客户满意转变为客户赋能,并提出了一个基于"满意—喜悦—参与—赋能"四阶梯共包含20个维度的新的品牌忠诚量表,如图1-1所示。从满意到赋能,是品牌建设视角的转变,也是品牌从工业时代走向数字时代的标志。

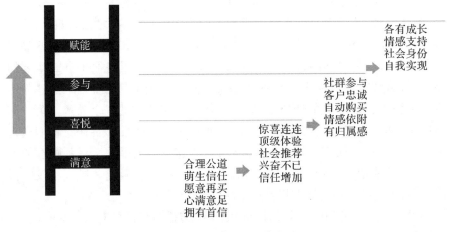

图1-1　品牌忠诚度量表

第三节　数字时代品牌传播范式的变化

　　2001年,声名显赫的《消费者研究学报》发表了莫尼茨的《品牌社群》一文,在该论文中,莫尼茨将"我的"品牌变成了"我们的"品牌。这仅仅是拉开数字时代品牌构建新范式的序幕。之后,体验、互动、共享、浸合、品牌生态圈等概念开始空前活跃。这一次,品牌构建的新范式呼之欲出,"大产品＋大创意＋大传播"的范式这一次会转变成什么?

一、数字时代品牌构建范式的转变

　　品牌作为商业系统的一个要素,走过了从商标识别到形象,再到定位、体验、身份个性的历程。在进入数字时代后,什么是品牌、如何品牌化以及品牌对企业的作用和价值都应该有新的转变。

（一）从功能与形象价值导向转向价值观与意义导向

从工业革命时代到后工业革命时代，工业革命本身的一些弊病一直存在，比如生态环境的破坏、个体的孤立和迷失、贫富差距的拉大……人们开始意识到必须将经济发展放在一个更广大的生态系统中去思考。在《品牌人格：从一见倾心到极致信仰》中，作者史芸赫从社会资源优化论的角度，提出了关于品牌的一个理解：成功的品牌，以小我的力量参与社会资源的重新创造，提升社会资源的意义，本质上是在践行一种善意，这便是对品牌人格的探索。这种人格具象作为企业方方面面的思维、性格与言行模式中的个性元素，成为推动事情发生、发展的管理力。

走向数字时代，所有的品牌都成为一张巨大网络上的一个个节点，不再有全能般的由上至下的影响力。虽然一些新消费品牌通过资本的大投入，获得了一时的成果和影响力，但我们会发现，这种影响力就像昙花一现，很快消亡，难以持久。究其原因，一方面是因为在碎片化的网络时代，这样的信息黏性太小，虽然能吸引消费者一时的注意力，却难以获得长久的忠诚；另一方面，现在消费者面对商业信息时的阈值太高、过滤器太强。要真正能对消费者有持久的影响力，品牌和企业须要与消费者建立更深入的关系。

数字时代，品牌能做的，就是收回自己外在想要掌控的欲望。在自己所处的这个节点上，让自己不断地"发光"，找到自我、做好自我，并有别于别的品牌。而自己的这种独特"人格"，最终将吸引来拥有同样价值观的消费者、伙伴。拥有同样价值观的消费者、伙伴，会让品牌在这个节点的影响力越来越大——和更多人建立起关系，建立起连接性更强的关系，更好地扩散价值观和信息。这一切的核心在于品牌自身的价值观与意义，以及品牌对于消费者的从"我和你"到"我们"的共同思维和信念。

（二）从认知劝服转向行为体验与诱发

所有人都明白这样的道理——"说教是无用的"，但事实上，长久以来，品牌在做的无疑就是说教，品牌方绞尽脑汁，研究说服之道，在报纸、广播、电视上传递着自己的"声音"。品牌方只能"说教"，因为没有办法和用户进行一对一的沟通和交流。品牌最终的目的是改变人的行为，从而最终改变社会关系。人与人之间传递信息的目的是统一行为，让原本各自行动的人"协同"起来。大传播时代的逻辑是，人的行为是由认知和态度决定的，要改变人的行为,就要先改变人的认知和态度。但现在这个前提假设已经一再被人打破。诞生于20世纪60年代的行为经济学,长久以来一直寂寂无名,但在进入21世纪后,一连获得三个诺贝尔经济学奖。越来越多的理论开始证明"认知改变行为,不比行为改变认知来得有效和持久","行为改变大脑"等最新研究让人们开始重新思考"认知—态度—行为"的作用路径。数字时代可以直接改变人的行为吗?答案是——容易了很多。比如,教育机构通过"一年打卡300天,全额退款"的宣传,先诱发消费者的行为改变;电商可以使用"七天无理由退款",引发消费者的先行购买;健身机构开始意识到,只有消费者坚持锻炼,改变生活方式和运动习惯,才能形成好的身材和生活状态,从而对健身品牌产生好感。

从信息本身来看,人与人之间传递信息——说话本身不是目的,行为一致协调才是最终的目的。品牌亦是如此,品牌和用户的沟通,其最终的目的是要回到行为,而不是认知。要改变消费者的行为,最重要的是要知道他们的现有行为和期望行为,从行为体验与诱发角度重新思考品牌的输入与输出。万物皆媒介,万物皆信息,万物皆可创意。用户的行为高于品牌影响力,若不能影响用户的行为,品牌的影响力又有什么用呢?

如何诱发行为改变?从认知劝服到行为体验与诱发,是一个较大的品牌建设范式转换,这也对传统的品牌人提出了较大的挑战:行为研究学科的融合性和复杂性,大数据分析对传统品牌传播的冲击,创意方法的关键词也从原来的天分、创意、洞察、灵感等开始要求更多的数据、关联、推断、精准、诱发等。

(三)从"大产品+大传播"模式转向"小人群+多扩散"模式

传统的品牌是建立在"大产品+大传播"的基础上的,正如叶茂中所说的"没有5000万,就不要来找我",因为没有5000万元的资金用于大传播,再好的创意也发挥不出它的功效。一条再好的广告语,如果没有大规模的传播,就很难发挥效果。如果是一对一的人际传播,广告语的作用则影响甚小。但在数字时代,这种"大产品+大传播"的模式注定很难有大的作为。那数字时代给出的答案是什么?是节点和节点之间的影响和扩散。

人的行为往往遵循着"最小阻力路径",品牌方要达到业绩增长的销售目的,也就意味着消费者要发生"购买"这一行为。总有一部分消费者在发生"购买"这一行为上是有着最小阻力路径的。如何在某个特定的时空点找到这个"小人群",从而再通过锁定人群—输入刺激—创新扩散,不断地稳定自己的用户"地盘",这需要品牌方的思考和研究。

二、数字时代的品牌传播新范式

1948年,美国政治学家哈罗德·拉斯维尔提出了构成传播过程的五种基本要素,形成了后来人们称为"5W模式"或"拉斯韦尔公式"的传播过程模式。这五种基本要素包括Who(谁)、Say what(说了什么)、In which channel(通过什么渠道)、To whom(向谁说)、With what effect(有什么效果)。这五种要素也构成了大众传播学领域的五大研究领域:"控制研究""内容分析""媒介分析""受众分析""效果分析"。5W属于单向直线模式,一方面过高估计了传播的效果,另一方面忽视了反馈要素,缺少角色互换。数字时代的传播和大众媒体时代的相比,有了一些较大的变化。比如:传播技术的发展,让品牌与用户双方的互动性、信息交互和传递都有了不一样的范式;触屏媒体的点触反馈、移动终端的直接下单,让品牌传播的互动和反馈明显增强;品牌说服的目标转向,也对品牌传播的目标设定提出了新的要求。

基于这些变化,本书中,我们将从以下七大方面对数字时代的品牌传播范式进行新的思考和探索。

(一)数字时代品牌传播技术的变迁

技术作为变化的驱动原点,正如印刷术一样,其意义和价值怎么强调都不过分。5G时代的到来,以及AR(增强现实)、VR(虚拟现实)、RFID(无线射频识别)、人工智能等技术的蓬勃发展,无论是在消费需求的洞察还是用户信息的接受体验上,以及对传统信息媒介的升级和改造上都将带来全新的变化。

(二)数字时代用户的变化

无论是社群化的用户,还是被纳入万物互连中的个体用户,都呈现出了更为多元的变化:需求随机化、身份多元化、行为社群化、权力放大化、决策感性化、信任透明化。这些变化使品牌方像是处在一个无根的离散型的网络中。尽管品牌通过数字化,试图做到更好地预测用户,但想要有创新性的方案,就要有创新性的洞察。如何才能更好地将数据与洞察相结合,是未来大多数品牌都将面临的挑战。

(三)数字时代品牌传播主体和目标的变化

过去品牌传播的主体掌握在少数人手中，但在数字时代，人人都被纳入了互联网中，人人都可以成为传播行为的发起者。对于品牌而言，企业品牌、领导人品牌、员工IP，甚至不同人员的分享和转发，都将改变原来的传播范式。而生产方式的改变，使得企业基本可以"按需定产"，再加上品牌的最终目的在于触发用户行为的改变，使得企业在品牌传播上思考如何更好地构建关系，如何更好地设定传播目标。

(四)从媒介到触点：数字时代品牌传播介质的变化

传统的主流传播学将媒介看作可以从经验上感知的对象——一种传递信息和发挥社会功能的技术工具和社会角色，比如报纸、杂志、广播和电视等，是一种显现的存在。但在数智化传媒快速发展的当下，媒介开始变得"隐形"，万物皆媒介，传播的本质寓于传播关系的建构和传播主体的互动之中。正如喻国明教授在《技术革命主导下新闻学与传播学的学科重构与未来方向》一文中所说的："媒介是社会关系的隐喻，媒介即关系，一切的人的意义和价值都是从关系的建构中被揭示。"真正能使人们连接在一起的不再是物理渠道，而是彼此"关注"基础上的"关系"连接。媒介走向触点，其内涵、创新、管理、内容信息也都将发生变化。

(五)数字时代的品牌内容传播

对于品牌内容，我们一般总是偏向于某个具体的广告、某个故事等，但是，内容作为附着在媒介上的信息，其最终的目标应该是和媒介融为一体，它关乎着受众的真实、感觉、认知，决定着受众对世界的认知。印刷术时代强化了人类的视觉感官，但人类有五种主要的感觉器官，这些感觉器官都是信息的接收器，也决定了其需要不同的信息内容。不管是对其他感官的强化，还是基于VR/AR的沉浸式体验，都是技术发展带来的媒介的变化。而媒介的变化必将改变品牌内容传播的形式和性质。

(六)数字化的品牌传播表达

数字时代，各种传播技术的涌现，使得品牌的表达形式及效果有了较大的变化。一方面,传播的内容和形式突破了原有的传统媒体的规则约束,技术本身就可以是一种内容,会带来更多的信息表达的内涵和创意。另一方面,传播技术也带来了传播类型的变化。比如,随着虚拟人技术的提升,未来的传播主体将会有不同的本身、分身、化身,甚至是机器人,而不同的"身"在进行传播时,将会有不同的沟通和传播类型。

（七）数字时代的品牌传播管理

品牌传播是品牌方的一项重要管理活动。在传统的品牌传播中,品牌方能通过精细化的前期调研、分析、设定目标,结合企业的经营活动目标,创新传播内容,进行投放。但事后的品牌传播效果评估却是一大难题,以至于这个方面一直是品牌传播领域的研究空白。在数字时代,一切开始发生变化。品牌方可以快速地选取小社群或小目标市场,进行品牌传播的刺激,对用户的行为进行实时反馈和调整。在传统的品牌传播管理中,对用户的洞察和预测至关重要,但是在数字时代,品牌的整个传播行为更可控、更可实验,同时也对品牌方提出了更高的要求:如何做好个性化的用户需求洞察?如何做好实时性的用户数据分析?如何更精准地设定目标?如何更快速地反馈和迭代?如何用变化性和系统性的思维更好地进行品牌传播的管理?

📚 **拓展阅读**

[1] 卢泰宏.品牌思想简史[M].北京:机械工业出版社,2022.

[2] 斯丹迪奇.社交媒体简史:从莎草纸到互联网[M].林华,译.北京:中信出版社,2019.

✏️ **思考题**

1.思考数字时代还有哪些时代特征。

2.思考不同的品牌理论所适用的历史条件和商业背景是什么,各自有何局限性。

3.结合具体品牌案例,深入分析数字时代的品牌传播范式。

第二章 数字时代品牌传播技术的变迁

本章要点：

1.数字传播时代,消费者数据获取技术及基于大数据的消费者洞察愈加灵活、精准和多元。

2.人们愈加旺盛的社交需求持续推动着社会化网络及社交工具的更迭。

3.互联网思维和大数据思维成为企业在大数据时代顺利转型的关键之一。

关键词：

大数据;社会化网络;社交工具;元宇宙;认知思维

在数字传播时代,由数字0和1组成的数字大网已经全面覆盖人们的日常生活,人们慢慢变成"数字居民",逐渐进入一种数字化的社会生存状态。人们的社交需求、社交行为、认知思维也随之发生变化,推动着社会化网络及社交工具的不断更迭。对于企业而言,不仅需要掌握数据获取技术和洞察能力,更重要的是进行思维认知层面的转变,真正用互联网思维和大数据思维来理解当下的社会、市场和消费者。

案例窗:健康码背后的数据治理

抗击疫情,既是一场医疗战"疫",也是一场数字化战"疫"。健康码收获了很多赞誉,被视为一件精准防疫的利器。根据中国互联网络信息中心(CNNIC)发布的第47次《中国互联网发展状况统计报告》,新冠肺炎疫情防控期间推出的中国健康码累计使用人数近9亿,使用次数超过400亿次。健康码系统作为数字防疫的一种通用应用,在疫情防控中发挥了重要作用,成为我国数字防疫工作的亮点之一。荷兰等一些西方国家推出了一项类似的举措,即Corona Check App(荷兰防疫软件/健康码),由其本国政府发起,以抗击COVID-19大流行。

1.从"人防"到"码上"防疫

疫情防控,关键是人的防控。健康码推出之前,全国各地的防疫关卡都是靠"人肉"登记,纸路条是一个个孤岛,且只能证明你此时此刻的状态。健康码以真实数据为基础,市民或者返工返岗人员通过自行网上申报,经后台审核后,即可生成属于个人的二维码。这张码是动态的,随着用户每天的状况提交,所处区域的变化、健康状况等因素会发生相应的变化。依靠数字化的办法,让因为疫情"关"上门的每一个人,不再是一座座信息孤岛,城市运行管理也拥有了可靠有力的数据支撑。

2.大数据如何帮助战胜COVID-19流行

在看似简单的健康码背后,大数据却一次又一次地发挥着重要作用。Boyd和Crawford认为,大数据可以理解为容量搜索、聚合和交叉引用大型数据集。[①]在健康码系统中,利用大数据对所有人的健康数据、位置信息等个人数据进行检索和交叉引用,识别14天内的个人行动,实现疫情防控的精准溯源。

自2020年2月初推出以来,健康码系统在一个月内迅速普及,并在全国范围内广泛使用。在信息收集阶段,健康码系统要求申请者填写健康状况、旅行史、居住地、是否接触过新冠肺炎疑似或确诊患者等个人信息。除申请人申报的信息外,健康码系统还可以访问民航、铁路和公共汽车的交通数据。健康码系统通过大数据实时比较、更新和综合研究判断,生成红色、黄色或绿色二维码,精准把握市民运动轨迹,准确识别高危人群。因此,在COVID-19

---

① Boyd D, Crawford K, "Critical Questions for Big Data: Provocations for a Cultural, Technological, and Scholarly Phenomenon," *Information, Communication & Society*, vol. 15, no. 5(2012), pp. 662–679.

疫情中,大数据为政府和流行病学家展示了"以前所未有的广度、深度和规模收集和分析数据"的能力。

此外,大数据在风险评估中发挥着重要作用。通过用户数据的采集、人群出行数据的分析、人群聚集热图等数据的对比,大数据的分析和预测能力帮助疾控中心对疫情数据进行建模,预测出行等风险。因此,健康码系统可以被视为大数据应用的一个最好的例子。它的使用克服了传统数据收集的支离破碎和分散的特点,通过合并从申请人处收集的信息,合并和分析来自不同平台的数据,并生成三色健康代码,极大地帮助了政府更有效、更准确地落实疫情防控政策。

健康码最主要的是基于手机号码的手机定位,基于身份证号码的消费记录、乘车及飞行记录,以及填报行程信息或者扫描场景位置登记等,结合疫情进行大数据分析后的结果展示。各种健康码基本都是对接的"通信大数据行程卡",它不受地域限制,不收集身份证号、家庭住址,只要对接输入手机号码,就能基于通信网络数据获取过往14天内的出行信息。原理就是基于手机信令数据能够有效定位用户的手机位置,从而寻找到机主本人。健康码的数据来自大数据,如:过往7—14天的GPS位置、线下扫码商家位置、购买火车票的信息等等。如果你买了一张正处于疫情严重城市地区的火车票,健康码很可能就会变色。

3.健康码数据治理监管问题

大数据的收集往往存在用户隐私泄露及相关数据滥用的问题。这可能是互联网的一个常见问题,但在健康码系统中表现得更强烈。在COVID-19疫情防控的常态化背景下,健康码成为一种长期伴随个人的电子健康证书。当申请人申请健康码时,他们通过填写大量的个人信息来获得健康码,从而放弃了自己的一些数据权利。特别是,大部分健康守则是由地方政府与相关互联网公司合作制定的。这些互联网公司将保护用户的信息不被披露和恶意滥用。

与此同时,由于健康码运行主要由企业承担,当这些相关互联网公司拥有大量数据时,强者有可能变得更强。新冠疫情加强了大数据层级,互联网巨头与政府合作,再次获得大量数据,形成了一种马太效应,使得小公司更难赶上大公司。

此外,健康码的使用引发了关于政府过度管制的讨论。除了用户申报的信息,健康码系统还可以访问民航、铁路、公路和公共汽车等交通数据。通过这些数据,政府不仅可以了解一个人进入和停留在感染区域的时间和频次,还可以确定具体的城镇或街道等。

✎ 思考题

1.新冠疫情防控中,健康码背后的大数据是如何帮助政府机构进行精准防控的?

2.承担健康码运行的互联网公司,会不会利用这种数据优势和技术优势开展精准营销,把数据商业化?

第一节 消费者数据获取技术与数字消费者洞察

中国互联网络信息中心在京发布的第50次《中国互联网络发展状况统计报告》显示,截至2022年6月,我国网民规模为10.51亿人,较2021年12月新增网民1919万人,互联网普及率达74.4%;网民使用手机上网的比例达99.6%。互联网应用持续发展,截至2022年6月,我国短视频用户规模增长最为明显,达9.62亿人,较2021年12月增长2805万人,占网民整体的91.5%;即时通信用户规模达10.27亿人,较2021年12月增长2042万,占网民整体的97.7%;网络直播用户规模达7.16亿人,较2021年12月增长1290万人,占网民整体的68.1%。

从以上数据我们可以发现,由数字0和1组成的数字大网已经全面覆盖人们的日常生活,人们慢慢变成"数字居民"。数字IP成为人们在数字世界的身份证和通行证。元宇宙技术的不断演进加速了人们以虚拟主体的方式在网络空间中生活的进程,也使人们享受着数字技术带来的种种便利和趣味。这种数字化生存方式是一种社会生存状态——运用数字技术在网络虚拟空间工作、学习和生活的一种全新生存方式,是人在数字化环境中所发生的行为的总和及其体验和感受。

消费者的数字化生存模式主要表现在:消费者媒介接触场景从传统媒体迁移到移动互联网,中国移动互联网月活跃用户规模已经突破11亿,移动应用需求激增;5G技术应用场景的落地与物联网万物皆媒时代,促使人工智能等新兴技术和实体经济深度融合;数字消费的规模不断扩大、体量不断增加,既包括有形产品的消费,也包括无形产品的消费;数字技术的加速迭代增强了消费者的购买力,也推动了消费者的行为习惯发生巨大改变。

消费者的数字化生存模式为营销模式和品牌管理模式的演进提供了新的思路和方法:借助大数据和机器智能对消费者数据进行抓取与分析,进而洞察消费者为满足自身需要和欲望而对数字产品、数字服务、数字体验、信息知识进行搜索、评估、选择、获取、使用、处置及分享的过程。

一、大数据革命与企业数据资产管理

硅谷战略领袖杰弗里·莫尔在《生活在错误路线上》(*Living on the Fault Line*)中写了这样一段开场白来说明关于资产的信息比资产本身更值钱:"在这个新世界里,信息为王。你拥有的信息越多,你的分析能力越好,速度越快,你的投资回报就越高。"

当前,许多企业虽然拥有大量的数据资源,但是未能对其进行有效利用并将之转换为数据资产。数据资源是客观存在的资料或凌乱无序的数据文档,而数据资产需要资源有效转化为业务价值和经济效益。大数据是建立在原有数据基础上,通过计算机技术和人工智能对现存数字资源和及时抓取数据进行有效分析和利用并形成经济价值的过程,重点不在于大而在于用。对于企业而言,没有用的数据不是财富,甚至是垃圾,对这些无用数据的分析只能是增加应用成本。

传统企业数字管理是自上而下的,企业通过制定数据管理方面的制度、配套数据稽核等措施,通过行政手段贯彻和执行对数据资源的管理工作,其目的是保证企业数据的有效性、可访问性、高质量、一致性、可审计性和安全性,企业数据的价值和如何发挥数据的价值并不在其目标范围内。所以传统企业的数据管理对企业数据的维护人来说是外部性的管理,这些企业数据长期处于静止状态,只是年复一年地累积和维护,几乎没有合理有效的使用价值。这种管控式的数据管理思维并没有把数据作为资产来经营。当传统企业向互联网企业转型,企业的数据应用环境也随之迁移到大数据海洋后,有些企业就明显出现"水土不服",它们缺少以消费者思维反向利用数据的能力和适应互联网环境的数字化组织结构。对于判断哪些数据资源才是企业的数据资产,它们会感到困惑和迷茫,加上对数据资源的不重视及运营缺失,会出现数据割裂和数据孤岛,以及不同数据资源的信息系统定义不统一的现象;作为数据源头的采集过程不规范,产生很多无用的数据,如果后期的数据加工过程也很混乱,就不得不浪费大量的人力、物力来反复修补;存储的数据分布杂乱、割裂与封闭,大量历史备份数据一直处于静止状态,缺少使用;缺少对数字资源有效评估和利用的方法和渠道,不清楚如何发挥数据资产的商业作用和经济价值。

　　进入大数据时代的传统企业要做出适应性的转型并重构新型企业架构。在大数据范围上,不仅要采集企业内部的数据,也要考虑采集外部数据;在大数据形态上,从传统结构化数据转变为大量非结构化数据;在大数据内涵上,数据挖掘和利用是企业数据资产经验价值链的重要支撑。现代企业须要从资产经营和管理的视角来看待大数据资源,企业采用各种管理和技术活动,用以保障数据资产的安全、完整、合理配置和有效利用,并通过利用数据资产来促进企业各项业务的数字化转型与发展,从而提高企业的数字业务竞争力和产生直接的经济效益。这需要企业建立集约化、专业化的大数据资产运营组织,以最大化数据资产的价值为目标,持续经营和管理大数据资产,构建企业经营大数据资产的商业模式,分析企业大数据资产经营价值链,搭建企业大数据资产经营应用的业务组件化模型,设计可视化的顶层数据战略,根据企业的实际情况细化落地企业大数据资产经营顶层蓝图的各项部署,推动相关技术平台建设、配套组织完善和流程重构,提升数据资产经营机制和能力,指导开展具体的数据资产持续经营和运用工作。

　　企业在构建大数据资产管理体系后,要想用好大数据资源来实现业务创新和收入增长,还必须经历一个漫长而复杂的过程,需要企业结合自身发展历史和现状进行自主探索。市场没有一个最佳实践和成熟方案适用于大量企业。企业要脚踏实地、端正认识,从资产保值增值的高度来对待各项数据资源。尤其是在消费者成为新生产关系中不可或缺的一部分后,如何在新形势下构建企业与消费者之间的关系,采集并分析消费者的消费习惯和消费趋势将成为企业的必修课。

二、消费者数据处理技术与应用

(一)大数据处理流程

大数据来源广泛、类型复杂,物联网、云计算、移动互联网、手机、电脑,以及遍布世界各地的各式各样的传感器,无一不是其来源或者承载的方式,因此对大数据的处理方法也千变万化。但是,大数据的处理流程是统一的,可以概括为数据采集、数据集成与处理、数据分析与挖掘、数据展示四个步骤。

第一,数据采集。数据采集是指利用多个数据库来接收发自客户端的各种类型的结构化、半结构化及非结构化的数据,并允许用户通过这些数据库来进行简单的查询和处理工作。常用的采集手段有条形码技术、射频识别技术、感知技术等。数据库可以是关系数据库,也可以是 NoSQL(Not only SQL,非关系型)数据库。大数据采集过程中的主要挑战是并发数高,比如,在天猫"双十一"活动期间,可能有成千上万的用户同时进行服务器访问和操作,在峰值时并发的访问量可能达到上百万次。2021年淘宝平台在"双十一"这天的处理最高交易并发量超9.35万笔/秒,峰值可达到58.3万笔/秒。淘宝通过分布式的系统,将并发访问分配到不同的机器上,从而达到负载的均衡。

第二,数据集成与处理。数据集成就是将从各个分散的数据库采集来的数据集成到一个集中的大型分布式数据库,或者分布式存储集群中,以便对数据进行集中的处理。因为大数据具有多样性,在集成的基础上,还要依据数据的特征或者需要,利用聚类、关联分析等方法对已接收的数据进行抽取处理,将各种渠道获得的多种结构和类型的复杂数据转化为单一结构或者便于处理的数据,从而达到快速分析的目的。针对大数据价值稀疏的特点,还要对大数据进行清洗,将其中我们不关心的、没有价值的、错误的数据通过过滤"去噪",提取出有效数据,以保证数据的质量和可靠性。

第三,数据分析与挖掘。这是大数据处理流程中最为关键的步骤,数据分析主要是利用大数据分析的工具对存储在分布式数据库或分布式计算集群内的海量数据进行普通的分析和分类汇总等,以满足常见的分析需求。这对统计工具的使用、需要分类的关键字等要求比较高,它们决定了能否将数据精确地归类,这将直接影响数据挖掘价值的准确度。数据挖掘是对已经做好统计的大数据进行基于各种数据挖掘算法的计算,提取隐含在其中的、具有潜在意义的信息,揭示其规律和结果,用于决策和预测。由于大数据环境要求对结构化、半结构化和非结构化数据一起进行分析,并且当数据量增加时,要求只增加分布式服务节点,无须修改分析/挖掘算法,因此传统的关系型、结构化的数据集和挖掘方法都不再适用。大数据挖掘一般没有预先设定好的主题,用于挖掘的算法都很复杂,只有精确合适的算法才能得出有价值的数据分析结果。

第四,数据展示。要使挖掘出来的信息能为人类的社会经济活动提供依据,必须将其合理地展示出来。数据展示不恰当会给用户造成困扰和误导,直接影响后期的决策与应用。传统的以文本形式直接在用户个人电脑显示处理结果或下载输出的方式已经无法满足大数据结果的展示,大数据结果的展示更加注重交互性和可视化。用户在使用大数据的应用时,为快速获得自己需要的信息,与应用的交互必不可少。例如对各类查询条件进行组合、筛选、增删等。大数据所提供的用户交互方式主要有五种类型:统计分析和数据挖掘、任意查询和分析、立方体分析、企业报表、报表分发和预警。它们在交互程度、用户群的类型及规模上各有差异。数据可视化是将数据挖掘结果以简单、直观的图形化、智能化的形式通过数据访问接口呈现给用户,供其分析使用。结果展现的架构一般分为C/S(Client/Server,服务器/客户机)和B/S(Browser/Server,浏览器/客户机)两种:C/S架构提供便于操作数据的客户端,可定制呈现界面,适合数据分析人员使用;B/S架构基于Web应用展现结果,不看重交互,一般适合决策者或企业管理人员使用。结果展现方式包括基于数据挖掘得出的数据报表(数据表格、矩阵、图形等)、宏观展现模型数据分布情况的图形(曲线图、饼图、堆积图、仪表盘、鱼骨分析图等)、KPI展现、查询展现等。

(二)大数据处理技术

根据大数据处理流程,大数据处理技术分为大数据采集技术、大数据集成与处理技术、大数据分析与挖掘技术、大数据展示技术四种。大数据的集成与处理、分析与挖掘技术是大数据处理技术的核心,而云计算以强大的计算和存储能力为大数据提供基础平台,处理大规模的数据集,进行数据分析与挖掘。云计算凭借弹性可扩展、高可靠性、成本效益高和便捷性等特点,成为大数据存储、管理、处理、分析的支撑技术。

1. 大数据的存储技术

为适应大数据环境下爆发式增长的数据量,大数据采用由成千上万台廉价PC(个人计算机)来存储数据的存储方案,以降低成本,同时提供高扩展性。考虑到系统由大量廉价易损的硬件组成,为保证文件系统整体可靠性,大数据通常将同一份数据在不同节点上存储多份副本。同时,为保障海量数据的读取能力,大数据借助分布式存储架构提供高吞吐量的数据访问。目前较为有名的大数据文件存储技术是Google的GFS(Google File System)和Hadoop的HDFS(Hadoop Distributed File System),HDFS是GFS的开源实现,它们均采用分布式存储的方式存储数据,通过冗余存储(将文件块复制存储在几个不同的存储节点上)的模式保证数据的可靠性。在实现原理上,GFS和HDFS均采用主从控制模式,即主节点存储元数据、接收应用请求并根据请求类型进行应答,从节点则负责存储数据。当用户访问数据时,首先与主节点进行指令交互,之后根据主节点返回的数据存储位置,再与相应从节点交互获得数据,从而避免主节点出现瓶颈。

2. 大数据的数据管理技术

在数据管理上,传统的单表数据存储结构无法适应大数据对数据库的高并发读写、海量数据存储、复杂的关联分析和挖掘需求,因此,大数据使用由多维表组成的面向列存储的分布式实时数据管理系统来组织和管理数据。其特点是将数据按行排序、按列存储,将相同字段的数据作为一个列族来聚合存储。这样存储的好处是不同的列族对应数据的不同属性,属性可以根据需求动态增加,避免了传统数据存储方式下的关联查询。而且,当只须查询少数几个列族的数据时,可极大地减少读取的数据量,减少数据装载和I/O(Input/Output,输入/输出)的时间,提高数据处理效率。大数据的数据管理技术的典型代表是Google的Big Table和Hadoop的HBase。Big Table基于GFS,HBase基于HDFS。作为NoSQL数据库,它们为应用提供数据结构化存储功能和类似数据库的简单数据查询功能,并为MapReduce等并行处理方式提供数据源或数据结果的存储。

3. 大数据的并行计算技术

大数据的分析和挖掘须要完成巨大的"数据密集型"计算,对系统的运算架构、计算域存储单元的数据吞吐率要求极高,传统的并行计算系统无法满足。因此,大数据计算通常采用MapReduce技术。MapReduce是Google

提出的一种云计算的核心计算模式,是一种分布式运算技术。它将传统的查询、分解及数据分析进行分布式处理,将要处理的任务分配到不同的处理节点,具有非常强的并行处理能力。MapReduce模式采用"先分后合"的数据处理方式。首先自动对要处理的海量数据进行分割,在数据被分割后,通过Map(映射)函数将数据映射成不同的区块,分配给计算机机群进行分布式运算处理,之后再通过Reduce(化简)函数将结果汇总,从而完成海量数据的并行计算处理。

MapReduce模式的突出优势是对数据一致性要求不高,具有扩展性和可用性,特别适用于数据分析、日志分析、商业智能分析、客户营销等海量的结构化、半结构化及非结构化数据的混合处理。但是MapReduce模式的时延过大,更适用于离线批处理计算的需求,不适合机器迭代学习、流处理等实时计算任务。因此,以MapReduce为基础,又衍生出多种不同的并行计算架构。例如,Yahoo! 的S4系统、Twitter的Storm系统都是针对实时流计算的架构,适用于实时分析、在线机器学习、不停顿的计算及分布式RPC、ETL等多个应用领域。此外,MapReduce的发起者Google也在2010年开发了Dremel交互式数据分析系统,将PB级别的数据处理时间由MapReduce的"分钟"级压缩到了"秒"级。

4.大数据的数据挖掘技术

大数据的数据挖掘技术比较复杂,一般须要针对具体的应用类型采用不同的处理方式。例如,对于流量统计、趋势分析、用户行为分析这样的统计分析,可将数据存储在分布式文件系统中,通过MapReduce并行处理方式来完成;对于OLAP(联机分析处理),则可以采用行列混合存储、压缩、分片索引等技术对数据库进行针对性的优化,借助强大的并行处理能力来完成数据分组和表间关联;对于金融、B2C等实时要求较高的业务,为获得快速处理能力,可将热点数据常驻内存或在特定数据库中进行分析。

Hive和Mahout是大数据挖掘的代表技术。Hive是一个基于Hadoop的PB级数据仓库平台,用于管理和查询结构化数据并完成海量数据挖掘。Hive定义了一个类似于SQL的查询语言HQL,能够将用户编写的SQL转化为相应的MapReduce任务来运行,非常方便习惯于使用SQL的用户完成并行计算。Mahout则是一个机器学习与数据挖掘算法库,提供了一些可扩展的机器学习领域经典算法,如集群、分类、推荐过滤等,与Hadoop结合后可以提供分布式数据分析挖掘功能。

三、数字消费者洞察

传统消费者洞察的方法在消费者数字化生存的今天,已经变得越来越滞后。深度访谈法、问卷调查法、焦点小组法等方法存在静态性、片面性和滞后性的缺点,大数据和人工智能成为深刻洞察消费者的最佳素材和工具,这些技术可以帮助企业和广告公司厘清多源海量数据环境中消费者心理和行为的脉络,清晰锁定个体目标消费者,从消费者群体特征研究转变为消费者个体的独特性研究。

（一）基于大数据的消费者洞察

基于大数据的消费者洞察,以消费者的行为痕迹数据为主。而行为痕迹数据就是在网络和信息技术时代,用户在搜索、浏览、订阅、评论和分享等线上行为中留下的痕迹,被平台数据服务器主动抓取并以数据形式存储在服务器中。目前基于大数据的消费者洞察方法主要有Web客户端Cookie数据追踪、搜索数据追踪、社交数据追踪、电商数据追踪等。

1.Web客户端Cookie数据追踪

每个消费者都会遇到这种情形:在网络上浏览和搜索过感兴趣的内容,在随后打开其他网站时,其首页广告栏就会立即显示与之前搜索内容相关的商品推荐和广告信息。这就是Cookie技术在跟踪并抓取消费者数据后的具体应用,也是大数据时代洞察消费者应用最广泛、时间最长的一种基础方法。

Web客户端追踪,主要是指消费者使用浏览器客户端访问Web网站时,Web服务器通过一系列手段对消费者客户端进行标记和识别,进而关联和分析用户行为的技术。这种追踪技术几乎无时无刻不在发生,当你网购时,即便没有登录,关掉浏览器后购物车的物品也不会消失;当你访问新闻、娱乐网站时,弹出的广告往往都是最近浏览购物网站的类似商品;即使一些消费者会不定时清空浏览器缓存、使用"无痕浏览"或"隐私保护模式"等,仍然阻止不了类似广告的侵扰。

Cookie是消费者浏览网站时,网站存储在消费者浏览器上的一段信息,并在服务器和浏览器之间传递,用于辨别用户身份和维持状态。Cookie利用网页代码中的HTTP头信息,伴随着用户请求和页面在Web服务器和浏览器之间传递。当你在浏览器地址栏键入URL(Uniform Resource Locator,

统一资源定位等），浏览器会向服务器发送一个读取网页的请求，并将结果回显。在发送前，该网页在你的电脑上寻找服务网站设置的Cookie文件，如果找到，浏览器会把Cookie文件中的数据连同前面输入的URL一同发送到服务器。服务器收到Cookie数据，就会在数据库中检索你的ID、购物记录、个人喜好等信息，并记录下新的内容，增加到数据库和Cookie文件中去。如果没有检测到Cookie或者你的Cookie信息与数据库中的信息不符合，则说明你是第一次浏览该网站，服务器的CGI程序将为你创建新的ID信息，并保存到数据库中。

目前Cookie技术有HTTP Cookie、Flash Cookie、Ever Cookie等。其中Flash Cookie是一种跨浏览器共享技术，保存位置较为隐蔽且较难清除。而Ever Cookie则是一种在浏览器中持久化的Cookie，可以让Cookie存储在非Cookie目录中，防止用户通过清空浏览器缓存等方式清除已保存的Cookie，甚至将User ID和Cookie数据通过多种机制保存到系统多个地方。在发现用某种机制存储的Cookie数据被删除后，它将利用其他机制重新创建并恢复Cookie数据。还有Cookie同步技术，在用户访问A网站时，该网站通过页面跳转等方式将用户的Cookie发送到B网站，使B网站获取到用户在A网站的隐私信息，然后通过RTB（Real Time Bidding）、Ad Network等一系列平台进行有效的广告推送服务。

通过访问Alexa排名前1500名的网站可以发现，两个追踪者进行Cookie同步后，可以把数据完全共享，就像是一个追踪者一样。利用Cookie同步技术可以一定程度防止用户清除Cookie，当用户清除同步网站一方的Cookie后，同步的另一方可以利用Ever Cookie经过同步后将网站双方Cookie数据重新恢复关联。由此可见，用户删除一个网站使用的Cookie数据并不能彻底清除个人隐私数据，而是在更大范围内被其他网站存储、修复和共享。

企业利用Cookie数据进行消费者洞察，背后的实质是对每一个User ID的Cookie进行分析，查阅消费者的上网历史记录，获取消费者在每一个网页的停留时间、浏览过哪些商品、重点关注哪些商品、整个购物决策的时间等信息，找到该消费者的关注点和兴趣点，及时、准确地推送针对性明确的商品广告和信息。利用Cookie追踪技术进行定向精准的广告推送和数字营销服务，针对性和目的性都更明确，其营销效果远远超过传统媒体一对多的狂轰滥炸式的广告宣传。

2.搜索数据追踪

在信息时代,知识爆炸促使搜索成为网民上网的基本需求和主要行为习惯,通过搜索引擎搜索关键词,将用户感兴趣的内容以某种排序展现出来,供用户浏览和选择。这种搜索行为普及也给平台方提供了最真实的消费者行为数据,使其能够更好地匹配消费者需求。当消费者基于某种需求搜索一个关键词时,企业通过揣摩消费者需求,将相关产品或品牌信息展示给消费者,从而获得潜在消费者。搜索引擎在这个过程中成为商品和品牌与消费者之间的桥梁,把搜索需求信息的消费者和企业进行有效匹配,有效促进消费者主动点击并浏览商品和品牌信息,进而将点击转化为交易,将流量转化为销量。

百度作为全球最大的中文搜索平台,利用自然语言处理、机器学习、数据挖掘、网络爬虫和数据集群技术,为企业用户提供一站式商业决策数据,日均搜索100亿次,日处理数据近100PB,为企业用户提供市场竞争、用户定位、用户洞察、指数实验室、舆情分析、媒体选择、地域分析、用户关注等功能性产品。其中,百度指数专业版就是依托百度强大的搜索及智能分发数据,以百度海量用户行为数据为基础,分析行业,细分市场、品牌、产品发展趋势变化,洞悉消费者需要什么、想要什么、地域分布特点、消费者特征等,帮助品牌商、代理商分析和监测品牌表现,据此帮助客户进行商业分析、监控和决策的权威行业数据分析平台。

3.社交数据追踪

Web2.0时代开启了数字媒体传播平台的勃兴,以微博、微信、抖音和快手等社交媒体为代表的数字媒体平台使消费者洞察技术获得新的发展契机。

首先,用户在使用社交媒体注册时会填写身份信息,包括年龄、性别、地区、学历和职业等,甚至上传个人身份证和银行卡信息,这些信息可以直接作为用户画像的信息输入。其次,用户在使用社交媒体过程中通过关注、转发、评论、点赞和收藏等社交行为逐步建立起独特的自我兴趣标签,并以相同或趋近的标签建立起以兴趣为纽带的虚拟社群,比如豆瓣、知乎、贴吧等的兴趣小组。这些内容都是以公开的方式进行展示的。最后,UGC(User Generated Content,用户生成内容)形成。用户产生的内容是一种数据类型,通常指图像、文本和视频。这些内容来自普通人,不一定是标准的形式,从高质量到低质量的东西都有,这些数据必然是模糊的和非结构化的,包含用户的个人意见、行为和想法。

现有社交媒体大数据分析方法大多依赖于机器学习技术,一些最常见的技术是分类、聚类和深度学习,从各种社交媒体来源收集数据,并存储在能够处理大量数据的大数据存储库中。但是社交媒体数据是有噪声的,充满了无关的信息,并且包含大量不一致的数据,需要对应用数据进行整合和清理,将大量的社交数据转化为有意义的见解,从而推动决策的制定。社交媒体可以协助企业获得消费者对其产品的反馈,这些反馈可用于修改决策。社交媒体大数据可以用来进行趋势发现、社交媒体分析、情感分析和意见挖掘。

基于社交营销工具,帮助企业跟踪社交网络上用户对其品牌及产品发表的言论的情感倾向,聚合他们的个人属性信息,来判断该产品的消费群体特征,对企业深入调查消费者并进行品牌传播具有重要意义。

4.电商数据追踪

电商平台突破传统消费的时空限制,在高效物流体系的支持下,使网购可以在任何时间、任何地点得以实现,满足消费者的购物需求。长期以来,这些平台积累了大量的用户消费数据,比如搜索记录、购买记录、消费偏好、评论记录等数据。消费者的购买行为和长期消费形态使电商数据成为洞察消费者的重要数据来源之一。淘宝数据盛典和支付宝年度账单是电商平台基于用户数据追踪与使用的经典案例,可以通过消费者购买的商品品类、购买频次、商品支出比例等数据勾勒用户画像。

电商平台的营销工具可以汇总消费者数据,帮助商家实现具体到每一件商品的人群分析,了解消费者的搜索路径、消费者点击次数和转化率之间的关系,最终对潜在消费者进行精准的定向广告投放。传统店铺对消费者的数据挖掘仅限于人流量、接待率和转化率等,而电商平台可以使店铺看到消费者点击该商品前平均搜索了多少次,从什么渠道进入该店铺,搜索的关键词是什么,在店铺停留了多长时间,关注了哪些商品,加入购物车的有哪些商品,等等。通过对这些数据的收集与分析可以了解消费者的消费偏好和兴趣所在,进而对上架商品进行品类和品种的调整与更新。店铺营销费用的转化率主要取决于点击率和实际购买量,点击次数越多,转化率会越高。而对已经成为店铺固定或长期的消费者来说,这种营销费用支出则会造成浪费,需要营销人员对搜索进店用户和固定用户的广告投放进行区分。此外,须根据消费者的喜好类型和市场竞争强度,对用户数据进行标签分类以细分市场,有目的地针对某一类人群进行精准广告投放。

通过采集消费者在电商平台留下的痕迹和历史记录,全面洞察消费者的行为特征,才能最大限度地满足平台数字营销的需求。这种全面的、及时的和真实的电商数据,可以直接体现消费者的动态和消费趋势,这才是大数据给消费者洞察带来的颠覆性变革。

(二)基于人工智能的消费者洞察

1.文本分析

基于自然语言理解(NLU)的消费者洞察能够对大数据带来的大量杂乱无章的消费者信息和数据进行处理,通过结构化文本数据分析,对消费者的特征进行认知、理解和判断,全景式地展现真实鲜活的消费者画像。

文本分析的主要步骤为:收集消费者相关数据、挖掘消费者特征属性、识别购买阶段和决策因子、分析消费者口碑。文本分析的技术难点是信息抽取、语义对齐、逻辑推理和细粒度情感分析。比如,与消费者相关的品牌和产品型号、规格、属性,以及年龄、消费能力、房子、汽车型号等要素存在数百种,如何在众多要素中抽取到有价值的数据信息?这就需要从技术上实现有效的信息抽取。而同一件商品可能被赋予众多不同的名称,如何辨识这些指向同一件商品的不同名称并将之归类到一种商品,都非常考验技术的演进。甚至,须要根据文本内容的描述,推理用户属性特征,以及用户对产品和品牌的情感取向。

为了提升消费者洞察能力,技术上须要从消费者数百种语义要素的数据中高效率、高精度地抽取有效数据,通过语义理解而不只是关键词匹配,来对业务知识进行建模和开展文本匹配;让机器具备高效的知识推理能力,实现多种逻辑推理算法,挖掘隐藏的语义特征;让机器具有强大的细粒度情感分析能力,在产品和品牌的细粒度属性上开展情感分析。

2.人脸识别

人脸识别是基于人的脸部特征信息进行身份识别的一种生物识别技术,是用摄像机或摄像头采集含有人脸的图像或视频流,并自动在图像或视频中检测和跟踪人脸,进而对检测到的人脸进行脸部识别的一系列相关技术,通常也叫作人像识别、面部识别。人脸识别系统集成了人工智能、机器识别、机器学习、模型理论、专家系统、视频图像处理等多种专业技术,主要包括四个组成部分:人脸图像采集及检测、人脸图像预处理、人脸图像特征提取、人脸图像匹配与识别。

人脸图像匹配与识别是企业应用场景最多的领域。这一技术将提取的人脸图像的特征数据与数据库中存储的特征模板进行搜索匹配，并设定一个阈值，当相似度超过这一阈值，则输出匹配得到的结果。人脸识别就是将待识别的人脸特征与已得到的人脸特征模板进行比较，根据相似程度对人脸的身份信息进行判断。这一过程又分为两类：一类是确认，是一对一进行图像比较的过程；另一类是辨认，是一对多进行图像匹配对比的过程。

2021年3月15日，央视"3·15"晚会曝光科勒卫浴全国门店利用摄像头在消费者不知情的情况下违规窃取人脸数据。消费者只要进了其中一家卫浴门店，在不知情的情况下，就会被摄像头抓取并自动生成编号，以后消费者再去哪家店、去了几次，科勒卫浴都会知道。所涉收集人脸数据的摄像头系统生产商苏州万店掌网络科技有限公司介绍，通过人脸识别信息能实现精准营销。另一监控系统生产商"悠洛客"科技也同样有此技术，均可以在顾客不知情、没有感知的情况下抓取信息，还可以手动添加各种标签，如职业打假人、记者。

人脸抓拍设备在房地产领域被大量使用，甚至有生产商家透露，在售楼部安装人脸抓拍系统已成为普遍现象，甚至成为"公开的秘密"。摄像头系统生产商声称旗下研发的AI摄像头可用于人脸采集，可实时进行人脸抓拍、识别分析，"防控截客、内场飞单，节省渠道费用"。用户使用这款产品，可以查询出客户首访售楼部的时间。同时在后端，人脸数据将自动被上传至后台服务器，形成云端人脸库。

人脸信息涉及个人信息权益、肖像权等多项重要人身权利，企业若想合法合规使用顾客的人脸信息，必须与顾客签订书面协议，充分履行《个人信息保护法》所要求的各项合规义务，否则会面临巨大的法律风险。

3.眼球追踪

眼球追踪技术是一项让机器人更懂人类的科学应用技术，主要研究眼球运动信息的获取、建模和模拟。一是根据眼球和眼球周边的特征变化进行跟踪，二是根据虹膜角度变化进行跟踪，三是主动投射红外线等光束到虹膜来提取特征。这项技术广泛应用于实验心理学、应用心理学、工程心理学、认知神经科学等领域。

眼球追踪技术可以追踪人们看的地方，以及人们的瞳孔和虹膜的反应，以达到各种不同的目的。一部能够观察人们脸部的高清摄像机就可以收集数据,通过先进的数据分析系统进行分析后,可以泄漏关于人们的大量信息。眼球追踪数据可能隐含了人们的生物识别身份、年龄、性别、种族、体重、性格特征、药物消费习惯、情绪状态、技能和能力、恐惧程度、兴趣和性偏好等信息,甚至可以揭示特定的认知过程,并可用于诊断各种身体和心理健康状况。

眼球追踪系统可以看到人们的眼睛看向哪个方向,从而推断出人们在看什么。它还可以追踪定睛时间的长短、定睛之间的快速眼球运动、平稳的追逐运动,以及眼球运动的加速度和最大速度。它也可以分析人们的眼睑,观察人们眼睛睁开的程度、眨眼的频率,以及当人们眨眼时眼睛闭上的时间。它可以记录红肿情况,并通过反光观察眼睛的水肿或干燥程度。它可以测量用户的瞳孔扩张情况——这是一个明显的性兴奋的迹象,但也与吸毒、恐惧和某些类型的脑损伤有关。它可以记录人们的眼睛颜色和虹膜纹理,还能注意到人们的面部表情、眉毛动作、眼睛周围皱纹的数量和深度、眼睛形状和皮肤颜色等。

眼球追踪作为一种有效的研究方法,能够客观衡量消费者对产品和品牌信息的注意和反馈,了解消费者在各种环境中与不同信息和平台的交互。这项技术可以帮助评估网页、视频广告、短视频和社交媒体的可行性,形成一定的科学有效的测试评估方法。

4.语音识别

语音识别技术,又称自动语音识别(Automatic Speech Recognition, ASR),是以语音为研究对象,通过语音信号处理和模式识别让机器理解人类语言,并将其转换为计算机可输入的数字信号的一门技术。根据VoiceLab调查,2017年全球有3300万台语音命令设备,50%以上的千禧一代每月至少使用一次语音助手功能。当Alexa、微软小娜、天猫精灵、小度、小爱同学不断涌入智能语音市场时,Siri早已不是可供人们"调戏"的唯一对象。AI技术让语音识别功能越发智能化,并逐渐成为人们所倾向使用的一种搜索和互动方式。

营销革新围绕"以人为本"的理念,可以实现更深层次的消费者洞察和最佳消费者体验。智能交互入口级产品主要有触控交互类产品、语音交互类产品和传感交互类产品。语音是人类最直接自然的交互方式,现在人们可以借助智能语音设备解放双手进入家庭,智能语音搜索和用户互动功能或将颠覆现有许多广告、商业模式、消费者体验和语音营销。IDC(互联网数据中心)发布的《中国智能音箱设备市场月度销量跟踪报告》显示,2022年上半年中国智能音箱市场销量为1483万台,销售额为42亿元人民币。

在万物智联的时代,语音识别技术必须实现智能交互无处不在、数据高速自由流转,可以识别用户所在场景,主动提供智慧服务,实现消费者洞察的场景属性,体现消费者当下的真实需求,缩短品牌和消费者之间的距离。在富有生命力的营销产品与消费者互动中,自然地将品牌内涵和品牌理念传递给消费者,进而提升消费者的使用体验。

第二节　社会化网络与社交工具的变迁

一、从共享到交互的社会化网络

(一)单向传输的Web1.0时代

Web1.0是依托个人电脑和Web浏览器浏览内容、获取信息的单向传输互联网,其运作模式是门户网站向用户灌输信息的"洗脑"模式。推动Web1.0快速成长的力量是技术创新、点击流量、综合业务、主副兼营等。

20世纪80年代末,在军事制造和教育研究方面大有造诣的互联网开始走平民化道路。20世纪80年代末至21世纪初,亚马逊、阿里巴巴、腾讯、搜狐、网易等多家以技术为核心竞争力的互联网公司诞生并获得高速发展,预示着信息时代到来,也给互联网带来巨大的科学技术革新。由于Web1.0是静态网页,网站的开发者兼任信息发布者,网民只能开启只读模式来获取信息,这就形成一种单向传递信息的封闭式网络。信息发布者和受众缺乏交流和互动,受众被动接受网页内容,而网站开发者和信息发布者占据优势、主导网络。这个阶段的企业和开发者发现流量和用户是牟利手段,率先拉取更多流量和用户的企业利用与第三方公司签合同投放广告的商业模式,赚得第一桶金。

当单一化的Web浏览器页面已不能满足广大用户的需求时,网络公司开始将提供单一内容的Web浏览器页面进化到提供综合服务和内容的网站,这是一次里程碑式的突破。先有新浪和网易,后有腾讯、Google等,它们经过长期的探索和创新挤入了综合性门户网站的行列。这种转变拓宽了网络盈利空间,有利于开发衍生产品,延伸增值服务,建立长期稳定的网络盈利模式。比如,新浪建立以新闻流量为主、广告收入为辅的经营模式,而网易以新闻为主,进而拓展游戏业务,建立以游戏为主、新闻流量为辅的经营模式。互联网公司以主营业务作为突破口,以兼营业务作为补充,建立主营兼顾的互联网发展新模式。

Web1.0颠覆了以往对知识的专属与封闭而走向共享与开放。首先,以电脑为终端的Web页面等新式信息传播媒介超越以纸为载体的报纸、杂志等传统信息传播媒介,使信息内容以Web页面进行数字化传播。一台PC设备即可实现足不出户了解天下事、获取最新信息的目标。Web将大量报刊、杂志读者转移到网络上,页面也可以被反复使用,一定程度地节约用纸,间接地保护了生态环境。网站上的新闻讯息也会实时更新,避免传统媒体新闻的滞后性。其次,知识不是精英的专属,而是大众共享与开放的内容。1994年至2004年是Web1.0成长和发展的黄金期,也是Web1.0从军事科技发展和教育学术研究的"贵族圈"走向大众的阶段。普通大众得以接触Web,在网页上搜罗信息。

Web1.0以开放的、分散的网页冲击封闭的、集中的传统媒体传播产业,使得传播信息数据化、存储设备缩略化、传播速率快速化。但这种只读模式造成开发者和用户缺乏互动性、用户没有自主性。这些问题也加速了Web2.0的诞生。

(二)参与式社交的Web2.0时代

Web2.0不仅有读的功能,还开创了写的功能。用户有读者和作者的双重身份,在浏览信息、提取内容的同时,还能对内容发表观点、意见、经验。用户在创作过程中,通过输入和输出信息历练大脑、掌握知识,实现自身价值。从科技发展与社会变革的大环境角度分析,由单一化的"读"转为"读"和"写"的多元化模式、从被动接受网络信息演变为主动制作网络信息,是信息技术发展引发网络革命带来的面向未来、以人为本的创新2.0模式在互联网领域的典型体现。Web2.0时代,Web朝着个性化、人性化、大众化的轨道前进。

开发者基于Web2.0进行理念创新、突破思维局限,在社交媒体、数据分享、搜索引擎等应用场景取得了很大的进步。

第一，双向互动的社交媒体。用户对便捷社交形式的需求推动了社交媒体软件的发展，互联网巨头顺势开发各类社交平台：具有用户日常分享功能的微信是腾讯开发的社交软件；新浪旗下则有由"实时新闻＋聊天"构成的微博；以多元兴趣和不同社区为区域的"贴吧"是百度推出的社交产品。此类以社交为架构又有各自亮点的社交软件为用户提供了多元化社交形式。微博具备获取新闻和沟通社交的双重功能，正是 Web 网页跟随时代发展的脚步由单向传输转向双向交流的创新。适时创新使新浪微博战胜了腾讯微博、网易微博等同类型平台。为显示其"霸主"地位，2014 年 3 月 27 日晚，新浪微博更名为微博，同时推出新的 logo，自此，微博成为新浪的主营产品。不管是经营人士还是普通大众都是微博的服务对象。企业机构、事业单位也可以通过微博号来打造品牌形象，宣传产品，获得粉丝。如果你是粉丝，希望长期获得某些重要人物的实时动态，那么微博的订阅功能便在此发挥重要作用。

第二，"我为人人"的数据分享。互联网教父、互联网商业预言大师凯文·凯利曾说：这个时代是分享时代的早期，个人数据是大未来。他指出互联网发展的两大要素是"数据"和"分享"。分享需要数据支撑，数据需要分享流通。Naspter 是一款搜集并分享数据的 P2P 式音乐共享服务平台。Naspter 担任中转站的角色，相当于一台服务器，通过强大的搜索功能将网站上用户的所有歌曲进行分类整理。其他用户在搜索框中输入歌曲名称或演唱人员，就可以和音乐收藏者共享音乐作品。Web2.0 时代的灵魂是社交。Naspter 自带社交属性，喜欢相同歌曲的用户可以在歌曲对应的论坛讨论，深入交流。据说，Naspter 诞生在大学里，肖恩·范宁为了让室友听上种类多又流畅的音乐，冒着秃头的风险开发出了这款应用程序。开发完成后没几天，Naspter 在校园里风生水起，一上线就有 12 万用户注册。枪打出头鸟，Naspter 的存在破坏了传统影音产业的商业模式，撬动了网络音乐产业的发展。据不完全数据统计，1997—1999 年创下年销售额 370 亿美元的纪录后，美国唱片业年销售额从 2000 年的 350 亿美元下降到 2001 年的 330 亿美元。RIAA（美国唱片工业协会）以版权侵权罪起诉了 Napster。之后，Napster 公司被国际传媒巨头贝塔斯曼集团收购。虽然 Naspter 已并入他人麾下，但是它掀起了数据分享平台兴起的浪潮。当下的许多视频软件和音乐软件都是在它的推动下产生的。

第三，信息过剩的搜索引擎。爱迪生疑惑：为什么蜡烛不能更亮一点呢？灯泡出现了！瓦特琢磨:为什么用壶烧水时壶盖会被顶起？蒸汽机发明出来了！莱特兄弟思考:为什么鸟会飞？飞机诞生了！创造源于生活。人的观察、思考、实践推动着科技进步和社会变革。日常生活中,如何解决普通大众对生活现象产生的疑问呢？麦吉尔大学的三个学生操碎了心,捣腾出了 Archie。Archie 作为现代搜索引擎的鼻祖,唯一的缺点是比 Web 早出生几年。它通过 FTP 共享交流资源,定期搜集并分析 FTP 服务器上的文件名信息,可以查找分布在各个 FTP 主机中的文件。当用户输入精确的文件名,Archie 会告诉用户哪个 FTP 服务器能下载该文件。虽然 Archie 搜集的信息资源不是 html(网页),但它和搜索引擎的基本工作方式是一样的:自动搜集信息资源、建立索引、提供检索服务。这为搜索引擎在 Web 网页上的建立奠定了技术基础。

Web2.0 实现了信息从单向传输向双向互动交流的转变。由于无线网、光纤等硬件设施,以及搜索引擎、应用程序等软件设备的良好发展,社交、音乐和视频分享、网络支付等软件在 Web2.0 时代应运而生。而且,其功能从"只读"模式到"读、写"模式的转换为用户提供了畅所欲言的机会。Web2.0 的支持者认为,Web2.0 对用户更具依赖性。用户消费信息的同时也生产内容,这种互动性强的全新互联网体验为用户带来了许多新的功能,并提升了受众关联性。

Web2.0 使 PC 客户端加速转向 PMD 端。Web1.0 由浏览器浏览 html 模式向内容更丰富、联系性更强、工具性更强的 Web2.0 应用程序模式的发展,在核心内容和外部界面两方面产生革命性变化。从连接方式这一方面分析,PMD 端小程序应用 Javascript 的技术性,融合 XML 做非同步传送。与 Web 应用程序相比,Ajax 的应用让一部分计算集中在局端,且融合 Javascript 动画特效,有大量延展性,可造就不一样的使用人界面。虽然 PMD 端口和互动方式取得重大突破,但是用户若想要使用颠覆性技术成果,须获得第三方中心化数据管理平台的授权。因此,此类中心化数据管理平台掌握了用户大量的个人信息和隐私,用户浏览信息时相当于在网络上"裸奔"。中心化数据管理平台根据用户浏览痕迹即可抓住其爱好偏向。一些不良第三方数据管理平台因为掌握了足够的用户信息,就肆无忌惮地通过大数据"杀熟"、电话营销、推送恶意广告等牟取暴利,给社会带来不正之风。这促使开发者推进了 Web3.0 的研发进程。

（三）去中心化的Web3.0时代

经济、技术的发展推动科技进步,人们的追求从物质满足向精神富足的转变促进互联网的发展。Web1.0和Web2.0三十多年的打磨为Web3.0的孕育做准备。Web3.0渗透VR/AR、物联网、区块链等前沿技术,继承Web1.0的共享性和Web2.0的交互性,提高了安全性与自主性。总而言之,Web3.0是智能、立体且没有边界的虚拟网络系统,用户在隐私数据安全、内容所有权、信息开放性等方面有更多的控制权。目前,Web3.0已在去中心化金融(DeFi)、数字艺术品(NFT)等领域崭露头角。

DeFi是相对于传统中心化金融存在的金融模式。金融行业为了早点"吃到螃蟹",十多年前就以比特币和以太币等加密货币为排头兵进军区块链,希望脱离交易所和票据交换所之类的中介金融服务机构的束缚,实现通过DApp(去中心化应用)在区块链上运行、运用数字钱包进行交易的全员参与的金融服务。DeFi因透明性、匿名性、记录性等压倒性优点得到广大用户的支持。目前,DeFi在稳定币、借贷、交易所等范围均有涉猎,也有望普及到其他金融领域,为这些领域的革新注入力量。

NFT是非同质化代币的统称,我们拥有的某一物品具有唯一性,归属权专属拥有者,任何以假乱真的冒充品将无处遁形。既然有非同质化代币,那么同质化代币也是存在的。同质化代币像人民币一样人人都可以拥有。因艺术品是作家创作的稀有物,需要方法证明作品是独属作者本人的,所以,数字艺术品是NFT第一个应用的领域。如果数字艺术品开创了NFT新纪元,那么,相继会有更多的行业需要NFT创造新世界。

Web3.0将从安全性、个性化和去中心化等方面改变我们的工作与生活。用户无须在不同中心化平台注册多个账号,而是围绕个人创建一个去中心化数字体系,形成每人唯一的以用户需求为出发点的数字账户体系,避免了个人信息在不同中心化平台留下痕迹而成为互联网巨头们营利的工具。作为互联网发展的将来阶段,Web3.0运行在区块链之上,用户在运行账户时的每一个思想和动作都有记录,且第三方平台和用户本人没有擦除的权利。这份记录也是自身诚信的证明,那些在互联网上诚信等级越高的用户受欢迎程度越高,他们发布的资讯、视频、软件等也会占据显著位置。Web3.0间接过滤掉山寨信息,网络诈骗、骚扰电话、病毒营销等将无处遁形,网络信息的整体质量将得到提高。我们化身网络主宰者后,将时时刻刻监督自身言行举止,社会风气将更加干净纯正。

如果 Web1.0 是网页技术突破,Web2.0 是软件内容创新,那么 Web3.0 将是用户理念革新。Web3.0 是在融合 Web1.0 技术上创新、Web2.0 内容上创新的基础上,以统一的通信协议为标准,通过更加简洁的方式为用户提供更具个性化的互联网信息资讯定制的技术整合形式。它好比一个小秘书,为满足人类精神、娱乐、生活等需求不停运转。这也是最近很火的"元宇宙"概念所推崇的。随着年轻人追求自我、实现个人价值的需求不断强化,个性化是未来互联网发展必会形成的趋势,毕竟 Web3.0 将来服务的对象是人类。

Web2.0 环境下,所有信息由平台保管,平台对信息的去留有绝对的权力;金融交易由第三方金融平台代替保管,客户收到货品并满意后,商家才获得交易报酬;网络规则全权由平台制订。平台借此拥有盈利的筹码,可以肆无忌惮地牟取利益。用户为了扭转"韭菜"局势,希望建立一个利于大众的公平化平台。Web3.0 成为利于大众的伟大构想,将是一个以区块链为载体的去中心化网络架构。建立在区块链技术上的 Web3.0 是一个个区块构成的链条,每个区块相互衔接,构成互联互通的网络。一个区块就是一个用户,用户保存自己生产的信息,信息经用户确权能够实现共享,能防止中心化平台搜集隐私、篡改信息。

二、社交工具的变迁

1994 年,NCFC(中国国家计算机与网络设施)工程通过美国 Sprint 公司接入 Internet 的 64K 国际专线开通,实现了与 Internet 的全功能连接。自此,中国正式成为真正拥有全功能 Internet 的国家。在硬件基础保证的前提下,1994 年 5 月,国家智能计算机研究开发中心开通曙光 BBS,这是中国大陆的第一个 BBS 站。具备社交网站雏形的 BBS(电子布告栏)自此开创了全世界人口最多国家网络社交的先河。

按照网络社交工具发展的时间顺序、媒介特性和媒介模式,可以把网络社交工具分为四个阶段。

(一)Web1.0 时代——以 BBS 和博客为代表的开放性社交工具

自 1994 年曙光 BBS 创站伊始,在网络发展的初始阶段,硬件设施和网络知识成为限制普通人进入网络社会的首要障碍,网络社交的用户主要是高校人士和社会精英阶层。首先是网络设备普及率极低。电脑硬件价格极其昂贵，上网速度非常缓慢，在2000年后俗称"猫"的Modem调制解调器开始在各家电话线上设置上网之前，能够登入网络并畅游网络的主要场所还是高校、研究所和个别新兴网络公司。其次是"知沟理论"让社会精英和高校人士拥有一定的先发优势。美国传播学家P·J·蒂奇诺提出："由于社会经济地位高者通常能比社会经济地位低者更快地获得信息，因此，大众传媒传送的信息越多，这两者之间的知识鸿沟也就越有扩大的趋势。"在网络普及的初期，社会精英和高校人士不仅在硬件条件上有着一定的优势，而且在获取知识的理念和通道上，他们优于普通大众的"软件能力"也造就了两者之间的"知沟"。这就形成了第一代网络社交工具精英化的社会属性，其用户的品位和志趣相对而言更加高雅、更具知识性。

BBS的类型主要为校园BBS、商业BBS和情感类BBS。校园BBS以各大名校的学生论坛为主，主要代表有清华大学的"水木清华"、北京大学的"一塌糊涂"、浙江大学的"缥缈水云间"、南京大学的"小百合"、武汉大学的"珞珈山水"等。这批使用BBS的精英学生群体接受新鲜事物的能力很强，BBS的互动性恰好可以满足大学生在口头表达、书信传递之外的"第三类互通"的需求，并丰富了他们的校园生活。作为社交工具鼻祖的BBS具有很强的实时交互操作功能，能够提供强大的站上实时交谈和交互游戏的应用。同时，按照使用者不同的需求和个人偏好，BBS可分成很多个差异化主题的布告栏，满足不同类型学生群体的多样化需求。使用者可以自由阅读他人关于某个主题的最新看法，也可以发表意见将自己的观点毫无保留地贴到公告栏中。BBS在满足使用者公开表达观点的同时，也提供用户之间私下交流的工具。用户可以将想说的话直接发到某个人的电子信箱中，这类似目前微博的"私信"功能，或者说是即时社交通信工具的雏形。

当第一批使用网络BBS的那批莘莘学子走上社会，校园BBS已不能满足其作为社会人来使用网络社交工具的需求。1999年，搜狐推出了我国网络社交工具历史上第一个基于上网知识分子的网站"ChinaRen校友录"，将自己打造成创新技术领域的排头兵。越来越多的学生和毕业生纷纷通过网络找寻自己所在的班级和已经毕业的班级，进行"圈子"社交。这也是我国网络社交历史上第一次聚焦在固定对象群体上的成功试验。

2000年，博客(Blog)以"个人网络空间领域"的表达与发布平台，成为一种新兴的网络社交工具。博客在发展初期仍是部分精英人士表达自我意见、抒发情感的场所,让博客进入井喷时代的是2003年的"木子美事件"。人作为一种猎奇的动物,在推动网络媒介进步方面的作用远远大于网络媒介本身。自此,博客的热度不仅继续燃烧着博客主们,更提升了人们对博客的兴趣。具备互动性的博客也随着内容的夯实、主题的丰富、使用门槛的降低,开始在网民的使用习惯中扎根。在大众媒体获取公共信息之外,网民开始习惯于关注一些社会公共知识分子的博客,并添加评论与互评,甚至每天晒自己吃穿住行的方方面面,把更多属于个体隐私的一面通过博客共享给网络大众。2006年,32岁的徐静蕾开通了自己的新浪博客,"我不喜欢把事情憋在心里,想到什么事情就想说出来",她认为写博客就是一种很好的表达方式。仅仅112天,徐静蕾的博客点击量就突破了惊人的1000万次。她优雅流畅的文字、犀利独到的见解,以及不时流露的小女人情怀,深深吸引了无数网友。一时间,"徐静蕾体"成为网络写作的标杆,无数的文艺青年争相模仿,也成就了她"博客女王"的美誉。

博客在中国大众社会的兴起与普及,意味着网络社交工具的受众群体从精英圈子文化逐渐过渡到广大草根网民阶层。

(二)Web2.0时代——以QQ空间、人人网和开心网为代表的功能性社交工具

Web2.0是相对于Web1.0的新一代互联网应用模式,它的主要特点是用户参与度高、社交性强、个性化服务和富媒体应用。用户可以发布动态,分享照片、视频、自己的知识与观点,交流互动,上传或下载各种文档等。在Web2.0时代的社交工具聚焦用户垂直领域的需求进行功能性开发与应用,诞生了基于网友社交的QQ空间、基于同学社交的人人网和基于同事社交的开心网。

2005年,腾讯QQ推出了捆绑QQ用户的一款轻博客产品"QQ空间"。这标志着"圈子+内容"的网络社交工具的模式开始渗入网站设计师们的共识之中。在人脉组成方面,QQ空间无缝导入了所有QQ客户端的用户,其中以讲究UI设计、喜欢多媒体表现形式、强调个性彰显的年轻群体为主。QQ空间融合了背景音乐、相册图片、流媒体视频、网络日志、朋友留言板等多种元素,同时加入了生日送礼、节日免费奖品、朋友互动祝愿瓶等社交表现手法,充分凸显年轻一族"个人网络空间"的概念。

2006年,依托于Facebook成熟的网络架构和设计理念,结合ChinaRen

校友录的校园元素,网络社交网站"校内网"正式上线。2009年,校内网正式更名为"人人网",这意味着该市场的竞争加剧,也是商业模式不成熟的背景下不得不做的选择。人人网开始剥离校园特质,重新更迭受众定位并扩大用户范围,面对依靠游戏制胜一时的开心网的市场冲击,人人网进行了新一轮的转型升级。

2008年上线的开心网主攻写字楼里的白领用户。它的UI设计较校内网更加简洁,可以直接导入天涯论坛、篱笆网、宽带山等知名论坛上的帖子到开心网的页面。而真正让网络社交工具业界发生"地震"的是开心网于2009年开发的游戏插件"开心农场",彼时,全民偷菜风潮席卷了整个网络社交圈。

由此开始,我国网络社交工具开始呈现出门类林立、功能分众化的特点。例如,婚介市场的百合网和世纪佳缘、求职类网站前程无忧、团购类网站拉手网和糯米网,这些网站都在其核心功能诉求的基础上打上了社交烙印,在各自的垂直市场内寻求着长足的发展和可行的营利模式。

(三)移动媒体时代——以微博和微信为代表的人脉性社交工具

2009年8月14日上线的新浪微博是改变网络社交工具的产物,它抓住了信息碎片化、传播即时化、内容煽动化的时代特点,同时在现有的Web技术上注重互动分享和社会公知的树立,起到了一定的舆论场效应,也加速了自媒体的形成与发展。

从2009年8月14日新浪微博上线到2011年2月5日,540天内新浪微博就实现了1亿名的用户规模。从网络微博内容编制的深度到手机客户端微博的发送及时性,微博分享信息、表达意见的信息社交形式在一定程度上保证了其旺盛的生命力和高速发展。纸质媒体的没落及受众对于海量信息的渴求,短小精悍又不失多媒体表现形式的微博媒介,成了受众摄取信息养分、表达个人立场、参考旁人意见的理想场域。一些标志性的话题充分扮演了火炬传递手的角色,微博成为网民进行"公域场"讨论、参与和分享社会事件的移动平台。

微信是腾讯于2011年推出的一款即时通信工具,2012年3月用户达到1亿名,已然是中国网络社交工具中名副其实的"老大"。从QQ到微信,腾讯尝试的是一次"朋友圈重置"的调整,将学生时代属性的QQ转变为成人时代属性的微信,在碎片化信息时代背景下完成了一次网络社交工具的"二次革命"。2012年5月,微信推出朋友圈,从即时通讯工具转型为社交网络软件,是年9月17日,微信注册用户突破2亿人。

(四)短视频时代——以抖音和快手为代表的可参与性社交工具

短视频从美国起源并迅速席卷全球,在中国市场自2016年起便呈现出井喷式增长态势,彻底革新了社交媒体生态与人们的日常娱乐方式。短视频是指在各种新媒体平台上播放的、适合在移动状态和短时休闲状态下观看的、高频推送的视频内容,几秒到几分钟不等。短视频内容融合了技能分享、幽默搞怪、时尚潮流、社会热点、街头采访、广告创意、公益教育、商业定制等主题。根据《中国网络视听发展研究报告(2024)》,截至2023年12月,我国网络视听用户规模达10.74亿。其中,2023年我国短视频人均单日使用时长为151分钟,这表明用户普遍对短视频的依赖程度较高。

短视频具有典型的社交属性。首先,用户可以在短视频下方发表自己的看法和感受,创作者也可以回复这些评论,从而形成互动交流。这种互动不仅能够增进用户与创作者之间的联系,还能让其他观众参与到讨论中来,形成一种活跃的社交氛围。用户也可以通过点赞简单而直接地表达对短视频内容的喜爱和认可。同时,用户还可以将有趣的短视频分享到其他社交平台上,如微信、微博等,扩大短视频的传播范围,也进一步增强了社交属性。其次,短视频为用户提供了一个展示自我的平台和社交连接平台。用户可以通过拍摄和制作短视频,展现自己的才艺、生活点滴、观点见解等。这种自我表达不仅能够满足用户的表达欲望,还能让其他用户更好地了解自己,从而建立起社交关系。用户也可以关注自己感兴趣的创作者,成为他们的粉丝。同时,创作者也可以通过关注其他用户,与他们建立联系。这种关注机制使得用户之间可以形成一个庞大的社交网络,彼此分享生活、交流心得。最后,短视频平台经常会推出各种热门话题,吸引用户参与讨论和创作。这些话题通常具有较高的关注度和互动性,能够让用户围绕共同的主题进行交流和分享,增强社交凝聚力。平台也会发起各种挑战活动,如舞蹈挑战、搞笑挑战等。用户可以参与这些挑战,展示自己的创意和才能。挑战活动不仅能够激发用户的参与热情,还能促进用户之间的竞争与合作,进一步提升社交属性。

短视频的社交属性为用户提供了丰富的社交体验,使得用户可以在观看和创作短视频的过程中,与他人建立联系、交流互动、分享生活,短视频也因此成为现代人社交生活中不可或缺的一部分。

第三节　元宇宙与认知思维的变化

一、元宇宙与虚拟空间的数字自我

（一）元宇宙的概念、特征与实现路径

元宇宙一词诞生于美国科幻作家尼尔·斯蒂芬森于1992年出版的科幻小说《雪崩》。小说描绘了一个庞大的虚拟现实世界，人们控制自己在其中的数字化身，并相互竞争以提高自己的地位。

北京大学陈刚教授、董浩宇博士这样定义元宇宙：元宇宙是利用科技手段进行链接与创造的，与现实世界映射与交互的虚拟世界，具备新型社会体系的数字生活空间。清华大学新闻学院沈阳教授认为：元宇宙是整合多种新技术而产生的新型虚实相融的互联网应用和社会形态，它基于扩展现实技术提供沉浸式体验，以及数字孪生技术生成现实世界的镜像，基于区块链技术搭建经济体系，将虚拟世界与现实世界在经济系统、社交系统、身份系统上密切融合，并且允许每个用户进行内容生产和编辑。也有学者通过对元宇宙构思和概念的"考古"，从时空性、真实性、独立性、连接性四个方面去交叉定义元宇宙：从时空性来看，元宇宙是在一个空间维度上虚拟而在时间维度上真实的数字世界；从真实性来看，元宇宙中既有现实世界的数字化复制物，也有虚拟世界的创造物；从独立性来看，元宇宙是一个与外部真实世界既紧密相连，又高度独立的平行空间；从连接性来看，元宇宙是一个把网络、硬件终端和用户囊括进来的永续的、广覆盖的虚拟现实系统。

元宇宙不是一个新的概念，本身并没有什么新的技术，只是一个商业符号，是在扩展现实（XR）、区块链、云计算、数字孪生等新技术背景下的概念具化，其中包括5G、云计算、人工智能、虚拟现实、数字货币、物联网、人机交互等。

未来，元宇宙的三大特征是与现实世界平行、反作用于现实世界、多种高技术综合。元宇宙本质上是对现实世界的虚拟化、数字化过程,须要对内容生产、经济系统、用户体验及实体世界等进行大量改造。但元宇宙的发展是循序渐进的,是在共享的基础设施、标准及协议的支撑下,由众多工具、平台不断融合、进化而最终成形的。

美国沙盒游戏平台Roblox给出的元宇宙包含八大要素:身份、朋友、沉浸感、低延迟、多元化、随时随地、经济系统和文明。沈阳教授指出:一方面,现实中缺什么,虚拟世界中就需要补什么;另一方面,人们在虚拟世界里做的事情,对真实的世界有或者没有反哺的作用。从人类发展历史看,虚实之间的平衡将会变得越来越困难。

在元宇宙特征与属性的START图谱中,陈刚教授与董浩宇博士梳理并系统界定了元宇宙的五大特征与属性,即社会与空间属性(social & space),科技赋能的超越延伸(technology tension),人机与人工智能共创(artifical, machine & AI),真实感与现实映射性(reality & reflection),交易与流通(trade & transaction)。

赵占波认为元宇宙的实现路径如下:

第一,沉浸和叠加。沉浸式路径的代表是VR技术,比如佩戴VR设备,可以让人进入一种"万物皆备于我"的沉浸式专属场景,这种场景既是沉浸的也是内卷的。叠加式路径的代表是AR技术,它在现有条件下叠加和外拓,比如给普通机器人加入皮囊皮相、注入灵魂情感,令其成为仿真机器人。

第二,激进和渐进。通往元宇宙的路径,一直有激进和渐进两种方式。比如Roblox就是激进路径的代表,从一开始就不提供游戏,只提供开发平台和社区,以创作激励机制吸引用户,实现完全由用户打造的去中心化世界。这意味着任何人都可以进入这个空间进行编辑,做剧本或设置游戏关卡等。

第三,开放和封闭。元宇宙的路径还存在开放和封闭两种关系。这种关系在手机市场上体现得较为明显,比如苹果系统就是一个封闭的系统,软硬件都是封闭的。

在元宇宙时代,实现眼、耳、鼻、舌、身体、大脑六类需求(视觉、听觉、嗅觉、味觉、触觉、意识)有不同的技术支撑(4I),如网线和电脑支持了视觉和听觉需求,但这种连接还处在初级阶段。随着互联网的进一步发展,连接不仅满足需求,而且通过供给刺激需求、创造需求,如通过大数据精准"猜你喜欢",直接把产品推给用户。

作为一种多项数字技术的综合集成应用,元宇宙场景从概念到真正落地需要两个技术突破:第一个是 XR、数字孪生、区块链、人工智能等单项技术的突破,从不同维度实现立体视觉、深度沉浸、虚拟分身等元宇宙应用的基础功能;第二个是多项数字技术的综合应用突破,通过多技术的叠加兼容、交互融合,凝聚形成技术合力,推动元宇宙稳定有序发展。

(二)虚拟空间的数字自我

拉塞尔·贝尔克(Russell Belk)在《数字世界的延伸自我》(*Extended Self in a Digital World*)一文中认为"延伸自我"有着"非物质化"的倾向。结合数字媒体和网络技术的普及与发展,贝尔克提出了"数字延伸自我"的概念,并认为"延伸自我"是虚拟世界的表征,是人们在虚拟世界中的自我呈现和形象构建,是自我在虚拟空间的另一种表达方式,也是自我在"非物质化世界"中的延伸。数字时代,个体的思维方式和消费方式也发生了巨大的改变,个体在虚拟和现实两个维度甚至会有截然相反的表现。消费者的数字自我是个体在虚拟空间的自我延伸和在网络社会中的自我表现。

1.虚拟空间的自我延伸

随着信息时代和数字技术的发展,人们接触和使用网络的时长不断增加,学习、生活和工作越来越依赖网络技术的支持,获取信息和展现自我的方式日趋数字化和社交化。信息激增的网络世界改变了人们认知世界的方式,人们对数字财产权也更加重视。在网络上,关于"人去世后,QQ号该怎么办"的讨论获得了很多网友的共鸣和回应。这也间接佐证了网民的社交账号、电子图书、游戏商品等数字财产是个体在虚拟空间中的自我延伸。

首先,感知重构——自我构建与思考方式的变化。网络时代,人们借助电子设备在网络空间接触新的事物和知识。数字消费者的世界观和价值观可能会因为一段视频、一篇公众号的文章、一则短视频广告而发生改变。我们通过搜索引擎、微博微信、新闻 App 来获取信息;选择网络购物、在线虚拟游戏、视频直播作为休闲娱乐的主要方式。我们感知世界的通道越来越多地来自虚拟世界,这也重构了我们观察和思考的数字媒介。社交工具、购物平台和短视频用算法筛选每个人的兴趣爱好来进行信息推送,使人们倾向于选择相信支撑自己观点的信息。这种"确认偏误"会形成"回音室效应",类似信息接收得越多,人们也就越来越笃定自己的观点而无视其他观点。此外,"热搜"成为网民看新闻资讯和看热闹的重要途径,针对时事热点问题的狂欢群体很容易受舆论影响而形成一边倒、立场鲜明的舆论观点,促使缺少独立判断能力的人接受意见领袖的意见,而丧失作为数字消费者独立思考的能力。

其次,依恋转移——虚拟商品的认同与归属。贝尔克认为个体自我的内涵不仅包括身体、精神,还可以通过个体拥有的物品来得到延伸,也就是自我和拥有物两部分。数字化的自我意识在不断的生成与传播过程中,形成信息的汇聚、累积,进而形成数字自我的存在形态。音频、视频、图片、文本、游戏、账号、虚拟物品等一切内容,无论是保存在云空间还是电脑硬盘或手机内存里,都是个体的虚拟财产,因为这些内容都是用户千辛万苦搜寻、挑选、下载并整理的,也包括用户付费获得的电影、音乐、图片、软件、PPT模板等虚拟商品。消费者在网络购买虚拟商品的行为表现了个体自我在虚拟空间的延伸。消费者对这些虚拟商品往往倾注了情感和依恋,所以就会想办法保护自己的个人财产,比如通过增设密码来保护个人财产和隐私。数字化的虚拟商品往往具有可复制性,致使它的所有权不是那么清晰,可被系统销毁,但是,追求个性化的消费者依然沉迷于自己的网络标签,把虚拟商品作为自我"身价"的体现,渴望表达"自我"的价值。

再次,虚拟化身——虚拟世界的第二人生。贝尔克认为互联网将人类从先前的肉身限制及由性别、种族、年龄、阶级和身体缺陷造成的社会偏见中解放出来。因此,个体在网络上的表现与在现实生活中是不尽相同的。虚拟世界的匿名性及无实际身体接触的特征也为个体在网络的自我表达提供了保护色,比如匿名评价、匿名留言甚至匿名向心仪对象表白,都是自我在数字世界延伸的结果。同时,虚拟世界也是"自我展演"的舞台,每个人都可以打造自己理想中的形象,让部分人实现"自我补偿"的愿望。虚拟空间中的"现实补偿"情景和防御机制让更多人愿意在网络上"补偿"自己,寻找在现实中得不到的"物品"或者发泄在现实中难以表达的情绪,一定程度上满足了数字消费者难以在现实中满足的欲望。

最后,缺场效应——此处狂欢,彼处受罪。网络自我的本质是数字自我。当我们通过互联网进行信息传播,身体缺场的同时,也可以隐瞒自己真实的身份,用虚拟的身份与他人交流。这种缺场效应的原因正是数字自我的身体和身份的缺席赋予了自我在数字世界中延伸的自由。人们在网络世界展演自我也越发依赖网络中自我延伸的形象。但是,网络依赖和信息过载会对现实产生不良影响,尤其是对社交媒体的频繁使用会导致用户焦虑情绪的放大与失落症状的加重,也会导致用户自我意识水平的降低,甚至意识不到自己的情绪。

2.网络社会中的自我表现

互联网时代,人们同时拥有物理世界和数字世界,人与人的连接无处不在。网络社会的根本特征是互联性,网络使人们相互连接,由此构成了网络社会,其本质上是一种数字化的社会关系结构。虚拟是一种真实的社会实存。网络社会在现实社会关系网络中具有技术性特征,网络社会和现实社会之间存在着"延伸"和"依存"的关系。网络社会作为一种数字化社会关系结构,提供了人类社会结构变迁与社会发展的共同基础。这种关系说明数字世界和物理世界是共通的,在物理世界人不会孤立地存在,在数字世界个体行为本质上也是具有社会性的。数字世界中,以人为核心的"泛社交"概念几乎是所有应用软件的推广和使用原则,每一个看似独立的个体,都不可避免地与其他用户产生交集。

数字世界的社会性具体体现在数字社交空间的交流,比如,微博、微信、抖音、快手等。对个人资料的编辑、信息的共享、朋友圈的更新,甚至表情包的选择、文字符号的使用都是个人形象的展示,都是在数字社会中的共同构建。个体通过印象管理展示出别人所期望的行为,使他人通过对自己行为的理解,做出符合自己预期的行为反应。所以说,用户在设计网络中的自我呈现时不是随心所欲的,而是与他者、社交环境和社交网站特点有着必然的联系。个体社交媒体行为实质上是一种寻找自我肯定的过程。通过社交媒体的即时性和互动性,人们在社交媒体分享个人动态,期待朋友的点赞与评论,甚至期待他人转发分享自己的朋友圈内容。这种互动式的社交媒体交往方式一定程度上强化了用户的自我肯定。数字空间中的个体都会考虑怎样的分享能够得到人们的赞同,什么样的形象能够得到朋友的点赞。我们在数字社交空间表现自己的时候,总是很容易受到他人的影响,总是在塑造别人眼中希望看到的人物设定和形象。总之,个体在社交媒体的行为是一种共同构建中的延伸自我。

在社交媒体上进行印象管理最典型的就是明星。他们平时要发表与自身倡导的理念相符的言论,代言品牌时要做出符合品牌调性的行为,参与公众活动时要表现出符合企业文化的品行。比如,明星担任"反毒大使"就要符合该形象的行为和态度,引导网络媒体的舆论导向。印象管理从知名人士拓展到普通人,以年轻一代为代表的数字消费者在社交媒体上表明态度、展示自我、彰显个性,为自己贴上不同的标签,塑造多元人生。

二、大数据时代的认知思维革命

互联网已经成为人们日常生活和生产中不可缺少的一部分,正在改变着人们对信息或知识的获取和对社会关系的认知方式,尤其是移动互联网改变了人们的生活方式和消费习惯。互联网给传统商业带来了颠覆性的变化,如财富虚拟化、选择无疆域、易变新常态、普通人的逆袭、众筹、角色更双面等。物质世界中越来越多的内容被平行放置到虚拟网络世界里,而虚拟网络世界对现实世界的影响越来越大,人类社会将形成新新人类的"人—网"世界观,互联网成为人类链接外部世界的主要通道,信息技术将精神世界和物质世界进行史无前例的高度融合。

企业需要在虚拟网络世界具备互联网思维和大数据思维,解决企业面临的经营与管理问题。

大数据时代,一切皆可数据化,人们对待数据的思维方式发生变化。第一,人们处理的数据从样本数据变成全部数据;第二,由于是全样本数据,人们不得不接受数据的混杂性,而放弃对精确性的追求;第三,人类通过对大数据的处理,放弃对因果关系的渴求,转而关注相关关系。

大数据思维带来的最关键的转变在于对传统决策方式的改变,大数据中也有类似于人脑的智能甚至智慧,企业管理者在决策中要尽量让数据说话。数据是记录事实的符号,用数据说话就是尽量在用大数据还原"事实"的基础上"求是",这正是大量使用数据相关关系的思维方式。大数据时代,人们可以通过大数据技术挖掘出事物之间隐蔽的相关关系,获得更多的认知与洞见,运用这些认知与洞见可以帮助我们捕捉现在和预测未来,而建立在相关关系分析基础上的预测正是大数据的核心议题。关注线性的相关关系及复杂的非线性相关关系,可以帮助人们看到很多以前不曾注意的联系,甚至掌握以前无法理解的复杂技术和社会动态。相关关系甚至可以超越因果关系,成为我们了解这个世界的更好的视角。大数据时代,思维方式要从因果思维转向相关思维,这颠覆了千百年来人类形成的传统思维模式和固有偏见,促使人类更好地分享大数据带来的深刻洞见。

基于互联网大数据的新信息技术的发展与广泛应用,传统市场信息不对称的情况已被完全颠覆。在万事万物皆可数据化的今天,如何从海量和复杂多样的大数据中获得企业所需的信息才是问题的重点。企业须要根据市场的实际情况,探求市场的内部联系及发展的规律,从而认识市场变化的本质,更须要利用大数据资源发现新知识、创造新价值。对于企业而言,大数据思维就是建立"用数据说话、用数据决策、用数据管理、用数据创新"的管理机制,实现基于数据的管理决策机制,把深化企业政策的措施落实到企业日常生产经营管理活动的每个细节中,从微观向宏观推动企业管理理念和治理模式改进,自内而外地完成企业的转型与升级。

拓展阅读

[1] 醒客(陈世鸿).重新理解媒介[M].北京:中信出版社,2014.

[2] 芒福德.技术与文明[M].陈允明,王克仁,李华山,译.北京:中国建筑工业出版社,2009.

[3] 吴军.智能时代:大数据与智能革命重新定义未来[M].北京:中信出版社,2016.

思考题

1.尝试拆解某个社交软件所使用的数据获取技术,并分析其是如何高效使用所得数据的。

2.结合某个产业,思考其进入元宇宙的前后会有哪些变化,为什么会发生这样的变化。

第三章　数字时代用户的变化

本章要点：

　　1.数字时代用户权力呈现去中心化、凝聚性、双向赋能的特征。

　　2.数字时代用户需求呈现场景化、非逻辑化、细节化的特征。

　　3.数字时代用户决策呈现动态性、不确定性、多维性、相关性的特征。

关键词：

　　用户认知；用户权力；用户需求；用户决策

　　技术赋能下，品牌与用户的关系发生了颠覆性重构，实现了从消费者到用户的升级，用户代替了消费者，不再是从前那样固化的、单一的、可控的，而变成了互动的、共建的、不可知的。品牌要重新思考用户需求及用户决策的特征和心理动因，改变品牌构建的方式，从而与用户构建更长久、可持续的关系。

案例窗：茑屋书店——技术引导下的用户心智升级书店

　　1983年时的茑屋书店枚方店，是一家图书、录像带、DVD一体化销售的传统书店。

　　2011年茑屋书店代官山店在东京开业，成为一个面向中老年群体的在地性复合型的文化生活空间。其围绕用户体验重构了传统书店空间，三栋建筑既保留了传统书店的内核——有约十五万册书籍和近十三万张的 DVD 和 CD，又增设有咖啡馆、餐厅、宠物美容店、照相机专门店，还有公园绿地。茑屋书店希望建立以消费者体验为中心的新零售书店形态，为消费者提供超出期望的内容。在互联网社群推动下，茑屋书店迅速发酵成为打卡标配地。

2015 年，茑屋书店在日本东京二子玉川开设了茑屋家电，这是对新零售模式的再一次探索。茑屋家电从形式上看是"家电＋书店"的跨界，实质上是以"生活"代替"家电"的生活方式的再造空间。走进茑屋家电，跑步机边上就有各种健康类书籍区；摆放在美食图书区边的就是可以根据书中图片随时挑选的厨具产品；家居设计杂志和咖啡机摆放在一起，为消费者提供家电位置设计参考；介绍手工啤酒 DIY 和世界啤酒文化历史的图书边就是英国精酿啤酒品牌 BrewDog IPA，消费者买完啤酒就可以在旁边的沙发区坐下来，对照书中知识边品尝边和朋友讨论；皮肤护理仪和美容小家电旁就是真实的美容中心，消费者可进去直接体验一下产品；网红神器 LG 衣物护理机可即时体验，世界知名电器品牌如艾美格、利勃海尔、巴慕达、哈苏、苹果等一应俱全……茑屋家电里有真实的客厅、厨房、阳台、美容院、咖啡屋……茑屋家电以人的生活为中心，重构了人、货、场（景），而家电品类是最好的场景入口。"家电是聚集新科技的地方，拥有改变生活的可能"，而书籍本来就是世界的说明书。

从茑屋书店枚方店到茑屋书店代官山店再到茑屋家电，从传统书店到文化内容的生活空间再到生活方式的再造空间，茑屋书店的迭代，是技术升级、消费者认知升级带来的全新连接能力的表现。

茑屋书店所属的 CCC 株式会社为茑屋书店的新形态提供了数据分析、新品研发的技术支撑。CCC 株式会社的市场部门拥有 T-CARD 会员体系和 T-POINT 积分体系两大数据资源。两大体系作为运营管理的大数据部门，支持茑屋、娱乐事业部和设计部三个部门的业务，本身也是重要的盈利部门，以数据沉淀和分析能力推动新产品的迭代和研发。

CCC 控制消费者大数据的 T-CARD，拥有 6000 万用户，T-POINT 又支持 CCC 推出的所有策划实现，而且 T-POINT JAPAN

的股东包括CCC(50%)、雅虎(17.5%)、软银(17.5%)、全家(15%)。在2016年,T-POINT的活跃用户约占日本人口总数的一半。这四家公司本身就拥有庞大的用户数据,可以互相重合并互补。从这些活跃会员及相关联的庞大用户的日常生活消费行为出发巧妙设计出的积分规则,可以高度、持续黏合消费者,累积下的数据资源极具价值。针对用户的多样化的消费记录,CCC用300个媒介变量进行分解归类、分析提炼,呈现精准的用户画像。掌握了数据就是掌握了消费者"心"的需求,把握了整体趋势,数据与商业逻辑的深度结合,最终成为茑屋书店的核心竞争力。

消费升级的实质是认知升级,认知升级更强调用户本身的进化。当前的大数据环境下,移动技术、社交网络、智能设备等技术和人的关系正在推动人本身的变化、进化、异化和云化,使得全新商业环境下的用户与传统的消费者截然不同。超出消费者预期的内容是当下用户的追求。用户情绪、用户对意义的追求、用户对"心"的需求,成为最重要的商业本质。茑屋书店的迭代内容恰恰是基于理性的数据沉淀后的变化,是基于"新"人类的全新商业体验形式,是在社会方式层面完成的对商业用户心智的占领。

从传统品牌到互联网品牌、数字化品牌再到智能化品牌,每一步发展的背后,都是技术迭代后的深度赋能。从工业社会到信息社会,大公司和大规模生产将变成小公司和基于兴趣的小规模生产。从消费者到用户的变化,是互联网、大数据、人工智能和区块链等新技术给品牌创新带来的新机遇、新的应用场景。

思考题

1.从工业社会进入信息社会,消费者的需求发生了哪些变化?

2.从自身出发,结合实际案例,说说你在社交网络时代是如何做购物决策的。

第一节　用户认知和用户权力的变化

一、用户变化及原因

（一）从消费者到用户

在传统商业环境中，我们通常把最终客户叫作消费者；而在互联网和移动互联网时代，我们则把使用产品和服务的客户叫作用户。从消费者到用户称呼的变化，其实是品牌思维方式和运营模式的变化。

传统消费时代，品牌与消费者产生关系是因为客户在偶然的时间和地点购买了品牌商品，沟通、购买和回馈一次性完成了品牌与消费者的关系链接；互联网时代则不同，品牌方要时刻关注获客、新用户、活跃用户、用户活跃度等状况，这些已成为品牌运营的重要部分。品牌与用户的关系被拉长，是持续的互动关系，由此产生了完全不同的品牌思维方式和运营模式。

如白酒行业的竞争异常激烈，现阶段品牌方有两种面对消费者或用户的思维方式和运营模式。一种是五粮液、茅台的传统思维方式，通过线上线下广告、渠道管理、活动推广，消费者因某种机遇获得品牌信息而购买产品，品牌运用的是消费者管理运营模式；另一种是江小白这样的用户思维方式，通过新鲜奇特的表达瓶这种外在形式，形成一个个用户表达群，让用户传播用户、感动用户，品牌与用户关系被拉长，形成社群互动，品牌运用的是用户管理运营模式。

从消费者到用户的迭代过程中，品牌赞助、活动、广告、促销等传统营销手段逐渐式微，更多的营销内容转移到微信等App上。传统商业渠道中承担资金流和仓储物流职能的中间独立环节的经销商被科技终端占有，如移动互联网的扫码支付、顺丰等社会化的仓储物流。无人货架、自动售卖机等自动化、小型化的终端前移，场景化的终端再造，使得传统商业渠道不断被移动互联网蚕食，用户和品牌之间没有中间商赚差价，消费者或用户和品牌都在手机里直接相遇。结果带来品牌与消费者之间关系的重构，从"产品导向"走向"用户需求导向"。

在技术加持下,品牌与用户建立强联系。通过大数据,品牌方可以更准确地描绘用户"肖像",把握用户的需求和兴趣点;通过微信、微博、抖音短视频等将有共同兴趣和需求的顾客圈粘在一起;从产品设计开始就与用户展开更密切的链接互动。"用户体验""以用户为中心"真正成了品牌塑造的基础。

(二)技术赋能下品牌与用户关系的重构

消费者升级为用户,用户代替了消费者,不一样的称谓背后是用户思维的进化,更是技术赋能下品牌与用户关系的颠覆性重构。

回溯2007年以来的消费市场,我们可以发现技术在不动声色地改变着品牌竞争的路径:

1.竞争对手难以辨认

早期传统品牌之间的竞争,竞争对手很明确,品牌在战略评估中会确定与自己竞争的目标品牌。如啤酒行业,百威、燕京、青岛、雪花等相互开展竞争时,都知道自己的竞争对手是谁,各自都会利用多种品牌竞争手段如体育赛事广告传播、赞助活动、户外广告集中轰炸及各种促销活动等展开竞争。品牌竞争集中在品牌名称、品牌标识、品牌抢占消费者心智上。品牌信息传播中以企业为中心,企业生产什么卖什么,很少主动去触及自己的消费者,很少主动与消费者产生互动后设计生产并产生新销售机会。

2017年左右,以大数据和人工智能为核心的新技术强势侵入商业领域,移动互联网到了风头无两的时刻。在品牌竞争中,竞争对手是谁变得无法确定了,可以是同行业的品牌之间的竞争,也可以是不同行业的企业在同一赛道上的竞争,换句话说,可以是跨行业的竞争。如在咖啡市场,星巴克过去的竞争对手一定是同行业的,如英国Costa、加拿大百怡、日本真锅、中国台湾上岛这样的对手。但是移动互联网时代的品牌竞争可能只隔着一个App的距离。资本加持下,各种行业切入咖啡市场,出现了没有任何行业累积就开始做咖啡的企业,只要挖掘出用户需求、能够塑造出新需求概念就可以。星巴克不仅要与上述Costa这样的传统咖啡企业竞争,还要与非咖啡行业出生的跨界商如Mercedes cafe、Gucci cafe,以及新零售咖啡企业瑞幸、淘咖啡、姆明咖啡等竞争。

2.新场景不断出现

品牌竞争中,线上的新技术体验通过App结合移动网络,切入新场景导入线下,以新技术与场景的互动活力营造新的场景化表达,成为品牌竞争的新手段、新动因和新需求。例如,当下许多人喝咖啡不是在喝咖啡饮料,而是在寻求一种具有社交语言和沟通能力的咖啡生活。用户希望通过咖啡品牌搭建的平台,实现与他人分享交流使用产品的体会,与志同道合者探讨共同感兴趣的话题。咖啡品牌会在信息传播中积极主动搭建、设置有助于留存用户、聚拢粉丝的功能,其效果远超单一的营销信息的传播效果。

3.品牌与用户成为互联共生的存在

大数据驱动品牌营销的革新,运用大数据进行用户洞察、品牌表现测量、市场竞争分析、新媒体效果研究已经成为品牌管理的常规手段。品牌不仅存在于塑造、传播、管理的品牌方,也存在于用户头脑中。品牌与用户在互联网上的链接行为虽复杂纷繁,但品牌方和用户都可以在数字化互联网整个大空间中任意读取、存储、重复利用、表达及共享数字化互联网中的各种信息。品牌与用户互联共生、共同成就已成为不争的事实。

(三)数字时代品牌与用户的关系

1.互动关系

在传统品牌时期,无论是纸质的报纸杂志,还是电子媒介的广播电视,消费者都是被动的,无法选择品牌信息的种类和内容,品牌信息是强制性地硬塞给消费者的。消费者对品牌做出的反馈不仅迟缓还无法表达,因其只能阅读、听取和观看。

在互联网大数据的当下,由技术支撑的社会化媒体平台给用户提供了主动选择、质疑、反馈的渠道和机会,用户是主动的,与品牌是互动的关系。

一方面,用户可以自主选择自己感兴趣的品牌内容和形式,也可以在社交媒体上主动及时地发表、分享、反馈自己使用品牌的体验和感受,对不感兴趣的品牌内容和形式可以直接忽视。

另一方面,由于大数据技术支持,用户对品牌的任何行为都会在网络上留下"数字足迹",品牌方通过算法,可以追踪到不同用户的浏览习惯、停留时间等,会主动精准推送个性化的信息内容以满足用户需求,甚至满足用户定制化的需求。个性化、定制化的内容会给用户带来被重视的感受,从而使用户在精神上获得满足。

数字时代,品牌与用户的互动价值就在于品牌传播不再只是单纯的信息传播和品牌形象的展示传播,而是品牌与用户建立情感链接,实现心灵层面上的互动。

2.共建关系

在传统品牌时代,虽然消费者有强烈的表达欲望,但由于大众传播技术的限制,无法提供一个合适的渠道,消费者对品牌的接受或反馈都是被动的和有限的,在品牌的构建中基本上属于游离状态的旁观者。

到了互联网数字时代,社会化媒体提供了绝好的技术支撑,人人需要表达、想要表达,炫耀和存在感成为数字时代最显著的社会群体意识。这种社会群体意识体现在用户和品牌关系上,就是用户可以主动、自由、自主地表达、分享、评判对品牌的喜好、体验和建议。用户的主动表达会带来强烈的参与感,进而带来极强的存在感,当参与感和存在感深入用户内心之后,用户主动表达和参与就成为一种自然习惯,这种自然习惯甚至不需要品牌方主动去运营。用户的意识觉醒、表达参与,让用户感觉自己是品牌不可或缺的一部分,会积极主动地与品牌进行互动共创,最终成为品牌的共建者。

用户从品牌的旁观者到共建者的角色转变,并非仅是因为各种品牌传播新形式的出现和互动频率的提高,更重要的原因是用户对品牌构建的深度卷入。那些对用户有深入洞察研究的品牌,会设法利用用户的这种心理状态,用设计思维和方法,在品牌创建和产品设计之初就让用户参与进来,让用户与品牌在最初阶段就建立起全面而广泛的共建关系,让用户引导品牌的发展方向,让用户在品牌的构建、创新、体验中与品牌共同成长。

3.不可控关系

传统品牌时代,由于品牌传播的单向线性,用户被置于传播链的最末端,难以反馈对品牌的意见、与品牌进行互动。如果用户有对品牌的反馈,也是被品牌方控制而不能形成反馈的社会面传播。

互联网数字时代,随着用户自觉意识的觉醒和社会化媒体的技术支持,品牌和用户都可以成为品牌信息的传播者和接受者。用户可以主动自发地把对品牌的体验、评价等分享在社交媒体上,也可以与其他用户进行交流,甚至成为品牌的意见领袖,产生即时性互动。

即时性互动提高了用户和品牌的沟通效率,但是也带来了品牌和用户之间的不可控关系。因为品牌方没法提前规划用户与品牌的互动内容和形式,用户的自主信息创造与传播,无论是正面的还是负面的,都由用户自主决定,很多时候还是用户的瞬间即时爆发。品牌方难以直接控制品牌与用户之间的互动走向。

当然,数字技术为品牌方提供了对用户行为的即时性监测方法,品牌方可以即时收到用户数据,点赞量、评论数、转发率、分享次数、关注人数、屏蔽量等都可以在后台被直接看到,并通过专业的统计软件进行即时分析,结果直观。但是无论怎样,这些都是事后监测行为,即使被检测到,品牌方也无法即刻反应。

二、用户认知从点到面

(一)用户认知及认知品牌过程

1.用户认知的概念

心理学上把人的心理过程分为认知过程、情感过程和意志过程。

认知是指个体经由感觉、知觉、记忆、判断、想象、言语、思维等对事物产生认识与理解的心理过程,是个体进行信息处理的心理能力。这个心理能力中的感觉、知觉、记忆、判断、想象、言语和思维等按照一定的关系组成一定的功能系统,并在个体与环境的互动过程中,实现对个体认知的调节和不断发展完善。

人与人的区别,在很大程度上就在于认知的区别。认知能力则取决于个体的文化知识程度、个体的感知系统、个体所处的环境、个体的经验积累和经历,以及个体天赋与后天学习锻炼。

回归到用户,因每个用户都是独立的个体,所以在对物或事的感觉、知觉、记忆、判断和想象等的过程中感知到的东西都不一样,得出的结论、采取的行动不一样,导致最终的结果也不一样。如面对某一产品,每一个用户的认知是不一样的,有些个体认为这个产品是必需品,有些个体则认为是可选择品。因此,用户认知就是指用户面对产品或服务的时候产生的认识和理解的心理过程。

2.用户认知品牌的过程

认知作为人类最基本的心理过程,在品牌传播中占据重要的地位。用户如何感知到品牌信息,在感知到品牌信息后如何认识理解品牌信息?这对于目前以用户为核心的品牌竞争尤为重要。

用户在认知品牌的过程中一般会经历以下几个阶段：

第一是给各种事物"命名"，建立品牌"概念"的阶段。简单来讲就是"认得"，即用户形成对各种品牌的名称等信息的认知。当用户看到一款新手机时，会辨识这是华为还是苹果手机；当用户饿了时，会打开"饿了么"或"美团"搜寻餐品；当用户需要网购时，会在"淘宝""京东"上搜寻购买；等等。对各类品牌名称、属性、特性等信息的认知，使用户积累起了品牌知识和经验，可以在向别人描述时，快速联想并锁定到具体的某一品牌。

第二是对品牌进行"分类"和与之"建立关系"的阶段。"知"从某种意义上来讲就是分类的能力。人在直接感知个别具体事物时，会认识事物的表面联系和关系，会区分不同对象之间的不同是什么，而且会运用头脑中已有的知识和经验去间接、概括地认识事物，将其与其他各种事物联系起来，形成对事物的概念，进行推理和判断。分类和联系的思维能力是人类认知世界的最重要的能力，当然也是用户认知品牌的重要阶段。

用户会在不同行业和品类的产品或服务中建立起对品牌分类和关系的认知。如用户在油类行业中会区别工业用油和食用油的概念，在食用油的概念下，基于以往知识和经验进行推理判断，又会进一步对品类加以区分：是大豆油、混合油、花生油、菜籽油还是橄榄油？在既有的认知中完成分类后，用户会建立起"关系"认知——大豆油、混合油、花生油、菜籽油的关系和区别，找到品牌的定义和它们之间的差异，从而完成对某一个特定食用油品牌的认知。当然，不同的分类方法代表着不同用户的不同认知。

第三是理解品牌"意义"或"解读"品牌的阶段。人对事物的认知是主观的，每一个人对同一件事物的解读是不一样的，因此认知具有主观性，对事物的"意义"理解和"解读"因人而异。

建立品牌的初衷就是让用户能够识别商品与服务的不同，引导用户识别"一个销售商或销售商群体的产品和服务"。但是，现代品牌不只有识别的功能，品牌既是一套符号体系，又是具有某种"意义"的标识。品牌从建立之初就具有符号性、认知性和差异性。品牌需要超级符号表意，便于用户辨认；需要差异化表达，否则用户无法选择；更需要营造用户认知上的关联，让用户找到与自己有关的意义和满意解读。品牌的产品或服务在用户心智中不再是单纯的"物"，而是与人的体验、精神、价值相结合的物我合一的事物。如耐克卖的不仅仅是鞋子，更是一种运动潮流；可口可乐卖的不仅仅是饮料，更是一种自由精神；小米卖的不仅仅是手机，更是发烧友形成的特有的社群文化。用户不再只是消费产品或服务本身,而是在为价值观买单。

（二）数字时代用户认知特点

数字时代的用户群体在行为上有三个特点:实时在线、碎片化、入口场景化。这些行为特点的出现与环境变迁带来的认知变化有关。福格行为模型认为,人的行为养成是B=MAP,即行为(Behavior)=动机(Motivation)&能力(Ability)&提示(Prompt)。这里的提示是指提醒人们做出行为的信号。当动机、能力和提示同时出现时,行为就会发生。动机是行为发生的来源,而认知又是动机产生的最初心理源,是习得的"过去成长经验的总和",与环境变迁紧密相关。人之行为动机与需求、环境这些要素互相联系、互相影响。

数字时代用户对品牌的认知模式具有以下特点:

1.用户品牌认知的轻松方便,全媒体渠道迅速唤起"全"感知

在信息爆炸的时代,用户每天要面对海量的信息并进行选择。碎片化的移动场景,需要轻量、便捷、伴随化的解决方案。语音识别、图像识别、机器学习等技术的成熟运用,促进了当下用户的心智变化。用户希望感知到的品牌是可以在场景中快捷连接并被迅速感知到的,希望品牌的入口有效交互而不要过多转换,一个入口能够解决多种需求。

因此,产品或品牌的构建升级,是从用户认知变化出发,以覆盖贴合这个时代"人"的变化为目标的。如"社会化知识类问答平台",现在各种"社会化知识类问答平台"的影响力远超"百度知道",是"百度知道"+"百度贴吧"+"今日头条"的综合体,涵盖了内容+社交+用户+场景+人工智能,构建了具有新意义的新品种,一个入口,轻松连接,满足了用户关于专业知识、多元资讯、论坛社交的多种需求。

2.用户认知上对价值意义的追求,推动了品牌在概念上追求个性化与创新性

人工智能、大数据、算法等技术不断出现,技术和人的关系变化正在推动用户认知的进化迭代。无论是消费升级还是消费降级,本质上都源自用户认知升级,是用户认知升级对商业模式创新和品牌塑造提出新要求而产生的现象。从Airbnb(爱彼迎)的产品迭代,我们可以看出用户认知升级对品牌概念创新和意义迭代的影响。

2008年成立的Airbnb,最早是一个旅行房屋短期租赁社区,是为旅游人士和家有空房出租的房主提供对接的服务型网站;2011年业务扩张,为商务

团队和会议人员提供空房租赁,也可以帮助预订酒店客房;2016年切入旅游市场,推出"Airbnb出行"(Airbnb Trips);2018年,推出共享住宿,变成一家完整的旅行公司。Airbnb从旅行房屋短租社区到商务租赁平台再到完整的旅游公司,并且成为内容和社交平台,是因为Trips上的"全球房东"和"故事"构建了全新的旅游分享、消费指南、人格买手的消费入口,涵盖了导游、购物、美食、社区关系、本地化IP等内容。Airbnb的年轻、冒险、尝试等元素直指新人类的用户价值意义。

Airbnb的每一次变化,都预示着产品或品牌升级与用户认知观念突破的关系:一是旅游人向来只住宾馆的租住意识、陌生人住进家里的安全担忧被共享、信任、好玩的认知突破;二是认知的改变创新了新品类,颠覆了行业竞争,在酒店业、房屋短租中介业外出现了一个新的品类即个人房东的直接租赁业,反过来教育培养了用户新认知,成功地开辟了新市场;三是共享认知思维不仅改变了Airbnb所处的酒店租赁行业,更是对其他行业的新商业思维的引领。

3.用户认知高度依赖场景情境

人的认知是与情景环境相联系并实时化呈现的,因此"无场景不营销"成为一种现象。用户购物、打车、沟通、学习、体育锻炼、旅游等日常线下活动行为,都会成为触发上网的重要入口。不同消费场景入口出现的核心是用户对不同消费功能的需求,更有对消费情绪体验的要求。心理学中的具身认知理论就认为,人的认知在生理体验与心理状态之间有着强烈的联系,个体通过身体体验及活动方式在一定的环境场景中形成,使身体、环境和认知组成动态的统一体,形成对真实商业世界的感受。从空间场景功能化、情感化的入口连接和氛围营造,到时间场景的情感持续体验,是用户认知本质变化的外显。产品和品牌不仅要塑造具象的静态场景,还要在流动的时空中给用户带来持续的、动态化的情绪价值体验的场景。

如国内许多商业综合体定位于一站式家庭休闲中心,就是这种时空场景流认知下的设计预设。父子在室内溜冰攀岩,母亲在美容购物,一家人共同在书店浏览,在动漫展览参观,在影院看电影,在超市挑选下周的家庭食物,再在餐厅吃一顿家庭饭……多样入口的消费场景叠加、消费时间上的持续给商业综合体带来很多的商业价值,消费者平均停留时间延长至4个小时或更多,要比短时间的消费转换率更高。对于消费者而言,则形成了家庭共享陪伴的体验,形成了美好回忆的家庭场景价值……这一切的增值都来自对场景叠加和时间场景流认知的构建。

(三)数字时代构建用户认知的方法

针对数字时代用户认知的特点,构建用户认知的方法一般有以下两种。

1.差异化方法,抢占用户心智

差异化是一种思维,也是一种方法。世界万物有共性,更有差异,产品或品牌如果无差异,用户就无法选择。品牌也寄希望于打造差异化,在差异化中迅速脱颖而出。在过去以产品为中心的品牌竞争中,差异化主要体现在新品开发和服务升级上;在今天以用户为中心的品牌竞争阶段,差异化更多地体现在超越产品和服务核心功能的全面体验优化、分享交互及新品类创新和价值的差异上。

如星巴克创新的"烘培工坊"概念,为中国用户带来的是全新的品牌差异化体验。进入上海南京路星巴克烘培工坊,展览式宽敞的店面,左侧是主吧台,右边是烘焙区,用户能听到现场碾磨咖啡豆的声音,呼吸到浓郁的咖啡香气,欣赏到咖啡师浓缩咖啡秒控在23秒的专业手法,品尝到65.5摄氏度至76.6摄氏度温度的拿铁咖啡;如果碰到一个睿智的咖啡师,还可以与之进行有关专业或非专业的趣味闲聊,增加咖啡知识,增进人生体会;还可以顺便拍一张照片,写上一段此刻的心情和学到的咖啡知识,在朋友圈"晒"一下,与朋友交流一次。2012年,星巴克App设置了"Early Bird"闹钟功能,早上,用户只要在闹钟铃响时按下"起床"键,就可获得一颗星,在一小时内到达附近的星巴克咖啡馆,可以获得一杯折扣价格的咖啡,用户还可以将自己起床成功并获得优惠的体验记录在社交网站上并与朋友分享。2008年,星巴克发布了其互动网上社区My Starbucks Idea,通过互联网收集用户意见,到2013年3月,有277条建议被采用……品牌与用户、用户与用户借星巴克建立起了情感纽带,享受、有趣、放松、分享、社交,所有这些体验都凸显出星巴克与其他咖啡品牌的个性化差异不仅仅是产品和服务上的。用户在时空的体验中感受到了品牌的差异化,形成了对星巴克品牌的认知:星巴克是一个高端化的品牌,而不只是一家咖啡连锁店。

系统、全面、持续互动的产品和服务迭代为用户提供差异化体验,凝聚了独有的客户群体,形成品牌忠诚度,建立起存在于用户心智中的品牌资产,给星巴克带来更高的品牌溢价能力。

2."多触角"方法,锁定用户认知

品牌的存在是建立在消费者的记忆和选择的基础上的,为了让用户第一时间迅速感知并记住品牌,须要建立易于记忆和选择的、浓缩着品牌价值信息的独有符号,我们称之为超级符号。品牌超级符号具有指称识别、信息压缩和行动指令的功能。通过打造超级符号提供品牌信息,可以控制用户的选择行为。

品牌方可以用"多触角"方法构建品牌超级符号。"多触角"方法是用人体的五大感官即视觉、听觉、嗅觉、味觉、触觉等构建识别层符号,引发用户联想。识别层符号包括品牌形体、品牌名、logo、slogen、颜色、声音等品牌外显符号。这些品牌符号建立起用户的品牌区别认知,以及对品牌背后产品的自然感受和含义认知,在用户头脑中打造出一个具有积极内涵的长期记忆结构。这样,当消费需求出现时,用户就会想到这个品牌而购买产品。

品牌超级符号不仅要打造用户头脑中的一种客观理性信息的记忆,更要构建一种主观情感的记忆。在数字时代,"多触角"方法会更多体现在沉浸式体验的营造上。"多触角"侧重于营造产品所处的全方位的环境氛围,给用户带去情感记忆,打通物理和虚拟世界、产品和情感边界,让消费过程成为多种触角的沉浸式体验。如吃一块巧克力的过程,让用户体验到的是爱情的甜蜜;喷一款浓烈的香水的过程,给用户留下的是怦然心动的感觉。这种感觉比产品更能给用户留下难忘的记忆,即使在很久以后,当用户在某个时间点产生这种感觉时,还会将之与某个品牌的产品联系起来。

三、用户权力透明强势

(一)用户权力及迁移

1.用户权力的概念

权力与权利分别作为政治上与法律上的概念是有很大区别的。权利的行使主体是一般主体,体现私人利益,可以放弃和转让,推定规则为"法无禁止即可为";而权力的行使主体一般主要是国家机关及其工作人员,体现公共利益,必须依法行使,不得放弃或转让,并且只以明文规定为限,否则为越权。对普通人而言,权利是法律赋予的个人的权力和利益,权力是支配他人的强制之力。

在营销中我们谈论消费者权利,谈论的是权利而不是权力。消费者权利集中体现在《中华人民共和国消费者权益保护法》规定享有的基本权利:安全权、知情权、自主选择权、公平交易权、求偿权、结社权、获得有关知识权、维护尊严权、监督权等。对消费者权力的规定几乎没有。因为在传统营销中,消费者处于被动地位,无法具有支配品牌方的强制之力,顶多是通过不购买来显示自己的权力。

今天我们谈用户权力,是因为互联网大数据技术的普及引起了市场主体关系的变革,这是消费者权利得到极大提高后才出现的现象。

所谓用户权力,是指用户具有自由支配自己消费意愿和行为,并且具有参与共享共创消费的权力。

2.权力的转移

目前关于消费者权力的研究主要从三个角度出发:

(1)宏观视角:从市场秩序、国家监管和消费者社会组织三个方面研究消费领域中消费者的身份所拥有的平等的权利和义务是什么。

(2)中观视角:在特定市场环境下研究消费者地位及其变化,以及消费者与相关企业之间的关系及彼此产生的影响,集中在消费者基于自己的利益而主导市场的能力、对供应链中其他成员的决策产生影响的能力及与企业决策博弈的能力等方面。

(3)微观视角:从消费者心理研究消费者权力感知对消费者个体行为的影响,如信息处理模式、选择偏好、行为定向等,以及消费者权力如何随情境的不同而改变,并且消费者权力中的控制性力量是如何发生变化的。

从政治学、社会学到管理学、营销学,再到心理学、行为学,消费者权力研究的内容在不断地转变。在互联网大数据技术的推动下,电子商务、在线社交、网络直播等新常态逐渐取代了人们以往的购买、社交模式,消费者向用户迁移,企业与消费者(用户)之间的关系也随之产生巨大的变化,两者之间的市场主导地位发生转移。就如美国未来学家托夫勒在20世纪末出版的"未来三部曲"中预言的那样:权力将从最有势力的企业和社会机构手中转移到消费者(用户)手中。

从品牌建设维护的角度,消费者(用户)权力的观察和研究更贴近于中观视角和微观视角,尤其重点关注的是互联网大数据时代,企业与用户这两个不同的市场主体之间关系和权力的变化。

3.技术赋能用户权力变化

权力从品牌方向用户转移最主要的原因是技术赋能。信息技术、大数据技术、人工智能技术，以及互联网、移动互联网和智能硬件等关键基础设施，促使了用户增权现象的产生：

（1）技术形成高水平的信息透明，从而增加了用户的信息选择权、决策权、民主权。

（2）技术搭建了极度快捷的连接，形成了用户的网络联合能力，从而增加了用户的需求权、生产权。

（3）技术构建了互动平台，赋予了用户网络互动性，使之可以采取更多行动，从而提升了用户的聚集权、奖惩权、合法权。

技术让用户做到他们以前难以做到甚至做不到的事情，让"顾客就是上帝"变成了现实，也彻底改变了商业演化的底层逻辑。当然技术也是双刃剑。在企业和用户的关系博弈上，面对海量信息，大数据、算法技术使企业获得了数据霸权，数据成为核心资源，使企业能获得更大的拓展空间，从而降低了消费者的决策自由。总之，技术赋能带来的不仅仅是用户权力变化，还有商业效率逻辑、社会关系和文化秩序及人类观念价值的改变。

（二）数字时代用户权力特征

1.去中心化

所谓去中心化，是一种扁平化、开源化、平等化的现象或结构，简单地讲就是每个用户都是中心，都可以连接并影响其他用户和节点。

传统的商业结构逻辑是：信息作为一种有价值的资源，主要掌握在品牌方手中，品牌方占据话语主导地位，由此导致权力向品牌方倾斜，体现出自上而下的权力特征。

而在互联网大数据技术环境下，用户能够随时获取大量产品和服务信息，既可以获得品牌方发布的信息，也可以通过社交平台等获得其他用户的使用体验和评价信息，以及第三方提供的有关产品性能、价格等方面的对比信息，还有来自某些技术专家的信息，无论是在信息数量上还是信息源多样性上，都很大程度上避免了被品牌方的信息垄断和诱导。在品牌构建链上的每个用户都可以成为中心，各自的认知和行为都可以连接并影响其他用户和节点，自上而下的权力认知被打破，这正是权力的去中心化特征。

权力的去中心化特征，推动了用户与品牌方之间权力结构的改变：

（1）用户选择接触媒介的过度自由，带来了其自身对信息的注意力分散，导致企业品牌权力地位降低，用户权力地位上升。

（2）用户选择商品的自由度加大，迫使品牌方放下"身段"与用户互动沟通。

（3）用户处理信息速度加快，造成市场信息传播加快，使产品更新迭代周期变短，迫使企业创新压力增加。

2.凝聚性

在传统市场中，消费者几乎没有对企业进行有效制衡的能力。单个消费者相对于整体市场来说太渺小了，是明显的弱势群体，在强大的企业组织面前，他们的行为对企业的影响微乎其微。传统中心式的品牌信息传播系统采用单向传播模式，具有放大器效应的节点控制在拥有大量资源的企业手中。消费者只能在家人、朋友等线下小圈子内进行信息扩散，传播范围和影响力小，根本无法引起企业和社会的注意。

而互联网大数据的连接性彻底改变了用户的弱势地位。用户通过网络平台、在线社交可以实现聚集效应，以低成本的连接、"多对多"的互动沟通模式，把地理分散、兴趣分散的用户汇集在一起，实现团购、众筹或退出，用户在整个产业链的各个节点中获得了更多的选择权、议价权、参与权和决策权；分配式网络信息传播系统使每个网络节点都是平等的，用户和企业处在同一水平地位上，用户也可以生产大量信息，借助在线社交工具、视频、虚拟社区、自建网站等多种形式进行在线随时传播，凝聚成意见领袖等社交影响力。权力的凝聚性特征显示的连接力量，迫使企业在品牌观念上真正从产品思维转到用户思维，与用户开展平等的互动对话。

3.双向赋能

互联网大数据技术使得品牌与用户之间的沟通变得方便和快捷，用户能够以低成本向品牌方提出产品和服务的细节要求，购买符合个人品位且最具性价比的产品和服务；或直接参与设计和生产环节，实现产品个性化和定制化，从而更好地满足自身偏好。

这种用户参与权建构起新的双向赋能的商业价值逻辑。价值链始于用户而不是传统的品牌方，用户可以在新产品开发时就介入产品价值链的上游环节，运用自己的知识和信息去影响品牌方活动，而生产商和零售商则处于相对被动的地位。用户的强势参与力量迫使品牌主动赋权用户，用户不再是传统意义上或早期电子商务平台时期的用户，而成为商业价值链的"共创者"。

基于用户价值的设计思维、用户和品牌方双向赋能共创的众筹平台和产品的个性化定制化,以及各种企业打造的营销社区、用户自己定价等都是这种双向赋能的结果。

(三)数字时代尊重用户权力的途径

1.了解和明确数字化过程中的品牌赋能方式

数字化是一个各环节互相赋能、互相成就的过程,而不是传统的取代过程。数字时代的品牌构建应是"全价值链"的赋能,所以我们要明确:品牌全价值链中的参与者有谁? 制造商、经销商、平台、用户等在价值链中承担的职能、发挥的作用分别是什么,对全价值链中各环节的贡献分别在哪里,痛点分别有什么? 分散又连接的分布式系统使价值链中的个体会对变化环境做出反应,最终实现价值链的共同进化,这才能为用户权力实现通畅提升做好赋能。

2.用技术逻辑固定公平可信的商业规则

在传统互联网时代,是零和游戏思维下的单方赢胜模式。数据采集没有底线、寡头公司控制用户隐私数据并以此牟利、大数据杀熟等现象普遍存在,品牌方利用人性弱点设计产品和服务,在维护自身利益时,总是会牺牲用户的利益。

在数字时代,在数字化平台基础上的品牌构建,需要数据、算法、算力、知识及嵌入的运营方法作为实现品牌价值的底层逻辑,从技术上固定公平可信的品牌与用户的关系,尽可能地建立起相对公平可信的平权机制,由品牌价值链上参与的各方自己来完成,实现相对的"价值平权"和多方共赢。

3.以用户运营方法最大限度发挥用户权力

用户运营是建立在数字化品牌思维下的一种方法。品牌建设的过程是品牌价值链上各方共同参与、主导的过程。品牌方搭建的品牌构建平台是真正去中心化后的数字化平台,品牌方的责任是把品牌价值链上各方所需要的数据、算力、算法、产品、服务、运营方法、资源等准备好,以最简单、最有效、最低成本、公平可信的方式提供给参与者。

建立好品牌与用户之间的桥梁,通过有效的内容输出和具有黏性的用户触达,建立沟通兴趣和意义的圈层文化等,让用户自我创新、自我传播,这样可以最大限度地避免传统的品牌方主导品牌构造与运营的垄断状态。

第二节　用户需求的变化

一、用户需求与用户品牌需求

(一)用户需求的进化

1.用户需求概念及内涵

用户需求一词时常被提及,但什么是用户需求,往往释义不清。

心理学认为,需要是个体在生活中缺乏的某种东西在人脑中的反映,这些缺乏的东西就叫需要,包括生理需要和心理需要。因为需要,所以需求。管理学中,马斯洛把人的心理需要分为生理、安全、爱和归属感、被尊重、自我实现五种,以此作为激励理论的底层逻辑。后来又进一步补充了三个层次的需要:认知需要、审美需要、超越需要。

营销学中的消费者需求是指在一定时间和既定的价格下,消费者愿意并且能够购买的商品数量。需求=购买欲望+购买力。欲望是人类某种需要的具体体现,如饿了需要填饱肚子、渴了需要解渴,具体体现为要吃饭、要喝水的行为。需求是一种天生的属性,所以需求不能被创造,但可以被发现和挖掘。供需双方通过交换来创造价值,满足需求,实现价值增长的营销目的。

当消费者向用户迁移后,用户需求的外延内涵就发生了变化。用户需求是指用户在特定场景下对各种产品及服务希望达成的要求或目标。用户需求相较于消费者需求,一是外延加大,传统的消费者不一定是用户,比如在现实中消费购买的是父母,而实际使用的用户是孩子,所以用户需求应是购买消费产品的人和使用产品的人的需求。二是内涵改变,用户需求的核心是人。人性很复杂,洞察理解人的最真实的需求是用户需求理解的重心。随着互联网大数据技术重构社会文化商业的逻辑,用户需求研究会更加关注人性需求与技术社会文化之间的关联和变迁,在更加广阔的背景下理解:用户需要什么,希望什么,厌恶什么? 引起他们情绪、情感波动的是什么? 用户想要的改变是什么?

2.用户需求与产品需求的区别

在现实中,我们还要区分用户需求和产品需求:指导产品开发的是产品需求;满足用户需要的是用户需求。在很多时候,用户都不知道自己的需求是什么。以众人皆知的福特造车故事为例:福特汽车创始人亨利·福特曾经说:"如果我当年去问顾客他们需要什么,他们肯定会说,一匹更快的马。"但福特最后却造了汽车,而不是马车。因为福特知道,用户的需求不是一匹更快的马,而是快速到达目的地,所以可以开发一款快速到达目的地的产品——汽车。这就是用户需求和产品需求的不同。

用户需求是主观的,而且因人而异,体现了用户期望的状态。每一个抱怨的背后都隐藏着一个未被满足的需求。用户需要尽快到达目的地,需要每天按时上班、接送孩子,需要在朋友面前有面子,等等,这些需求期望会促使开发出不同的产品:更快捷的汽车,气派的、加长的、有高配置的天窗和真皮座椅的自动巡航汽车,一个能够让用户迅速找到接送孩子的服务的平台,等等。

"需要"是一种让人们感到缺乏的状态,企业无法全部满足每一个用户的所有需求。从需要到需求,是一个递进的过程,并且受到相关的背景因素制约。企业要对用户的需要进行筛选,形成较广泛的市场需求,根据市场需求制订出相应的解决方案即产品需求。因此,需求就像沙漏,用户需要形成用户需求,再形成市场需求,最后形成产品需求。

3.用户需求的分类

用户需求多样且不易被觉察,且因理解角度不同而呈现复杂性。

卡诺(KANO)模型是东京理工大学教授狩野纪昭发明的,从用户需求对用户满意度影响的角度把用户需求分为五种类型。

(1)基本型需求:是用户对品牌提供的产品或服务的基本要求,是消费者认为产品"必须有"的属性和功能,也称必备型需求和理所当然需求。当必须有的属性和功能不能满足消费者需求时,消费者很不满意;当其满足消费者需求时,消费者也可能不会表现出满意;如果超出消费者的期望,消费者充其量会感到满意,但不会对此表现出更多的好感;如果稍有疏忽未达到消费者的期望,则消费者的满意度将一落千丈。

(2)期望型需求:是指消费者的需求被满足程度与满意状况成比例关系的需求,也称意愿型需求。此类需求得到满足或产品表现良好的话,消费者满意度会显著增加;企业提供的产品和服务水平超出消费者期望越多,消费者的满意状况越好;当此类需求得不到满足或产品表现不好的话,消费者的不满也会显著增加。期望型需求不是"必须"的产品属性或服务,有些期望连消费者自己都不太清楚,但是品牌一旦突破消费者的认知,解决其痛点痒点,就可以体现出竞争能力。

(3)魅力型需求:指不会被消费者过分期望的需求,又称兴奋型需求。满足消费者期望的程度增加,消费者满意度也会上升。此类需求一旦得到满足,即使产品或服务表现不完善,消费者的满意度也是非常高的;如果此类需求得不到满足,消费者也不会表现出明显的不满意。这类需求往往代表消费者的潜在需求,一旦企业提供给消费者一些完全出乎意料的产品属性或服务行为,消费者产生惊喜,就会表现出非常满意,从而提高忠诚度。企业寻找发掘这样的需求,可以领先竞争对手。

(4)无差异型需求:指消费者不在意的需求。产品或服务无论提供与否,都不会导致消费者满意或不满意,对用户体验无影响,如品牌为客户提供没有实用价值的赠品。

(5)反向型需求:又称逆向型需求、画蛇添足式需求。消费者需求并非都相似,许多用户根本没有此类需求。企业提供某些产品和服务后,用户满意度反而会下降;甚至提供的程度与用户满意程度成反比。

另一些专家从用户与品牌互动的角度,把用户需求分为七个基本需求。

(1)友好性:这是最基本的用户需求,与礼节和礼貌等事情相关。

(2)感同身受:用户的需求和情况得到理解和重视。

(3)公平性:用户希望得到充分的关注和公平合理的答复。

(4)控制力:用户希望能对品牌的产品、服务产生影响力。

(5)替代方案:用户希望获得选择和灵活性。

(6)信息:用户希望以一种中肯的、具有时效性的方式了解产品和服务,如建立知识库。

(7)时间:用户希望自己宝贵的时间得到尊重。

还有一种更为直观的用户需求分类:

(1)显性需求:也称直接需求,是用户的痛点刚需,是用户可以直接表明的"要什么"。

(2)隐性需求:用户在头脑中有想法但没有直接提出、不能清楚描述的需求。这种需求是需要引导和激发的。如外卖类的产品没出现之前,用户也能好好地去餐馆吃饭,出现了之后,用户就可以足不出户地吃到餐馆的饭。很多生活改善型的产品都是满足这类需求的。

从需求满意度到需求关系角度对用户需求的分类，可以看出用户需求是不断变化的。从商业经济时代基本的功能生存需求，到服务经济时代对自尊态度、社会地位的精神享受和发展需求，再到体验经济时代个性化、人性化的需求，用户需求的变化与时代环境的变化相匹配。品牌只有深入思考目标用户是什么样的人、有什么样的功能需求和情感需求，才能打动他们。

(二)用户品牌需求的指向性

企业品牌需求和用户品牌需求是不一样的。

企业需要品牌，简单地说就是希望自己成为品牌。因为企业的品牌资产可以使企业获得更好的投资回报、更好的竞争优势和更高的用户忠诚度；可以使企业合法保护产品或服务的独特性，有利于产品或服务独特性的延伸，更好地增加营销的有效沟通；等等。总之，品牌资产的沉淀可以使企业获得更多的边界效应。因此对于品牌资产，企业会从供给侧角度，战略性、系统性地从内部经营策略、管理特点、企业特色及营销组合实施等多种角度进行规划。

用户需要品牌，是因为品牌可以帮助用户提高产品或服务信息的搜集、分析和判断的效率，如提供产品来源、质量、价格等信息；可以帮助用户降低购买决策的风险，如提供质量保障、售后服务承诺等；可以帮助用户购买到符合自己个性和价值观的产品或服务。

尽管用户需求与企业需求的出发点不一样，但越来越多的事实证明，品牌的建立不是企业单方行为，用户认可才是品牌最终能够建立的唯一标准。对用户认知、需求和行为习惯等的了解是品牌建立的核心基石。当下互联网大数据带来的连接性和相关性，构建了一个全新的商业社会，带来了新的商业模式。需求拉动经济增长的模式变得不可逆转，这一切也带来品牌构建思维和方法的改变，迫使企业从用户需求侧角度去研究用户的认知、需求和行为习惯，以及社会文化发展趋势，建立与用户的密切联系，展开针对性措施，与用户共同成就品牌。

二、数字时代用户需求的特征

美国哈佛商学院教授克莱顿·克里斯坦森在提出"颠覆性创新"理论之

后,又提出了"用户目标达成"理论。他认为颠覆性创新的竞争模式很有效,但它并不能明确告诉商家该去哪里寻找商机,不能指导企业创新。他发现当用户购买某种产品或服务时,用户实际上是在"雇用"产品或服务来完成一项任务。如果这款产品或这项服务能够胜任这个"任务",用户便会再次购买或使用;如果这款产品或这项服务无法胜任,那么用户就会转向"雇用"其他产品或服务。所以企业的任务是要搞清楚用户为什么要"雇用"或不"雇用"它们的产品或服务,用户在特定的情境中需要达成什么任务(或获得什么进步)才会购买这些产品或服务。这样企业才能重新定义所处的行业与市场目标。

在该理论中,他以"用户目标"(Jobs to be done)代替了"用户需求"这个概念。因为他认为"用户需求"定义太空泛,而"用户目标"就是用户在特定场景下想要达成的任务(获得的进步),其重点不是产品,而是用户想要取得的东西。事实上,研究用户想要达到什么目的对企业来讲更为实在明确。"用户目标达成"理论启发了我们在探究数字时代用户需求时,如何从用户需求和用户目标相向而行的角度挖掘出用户踪迹,如何去重新定义品牌所处的行业、竞争对手和商业模式,最终达到塑造品牌的目标。在"用户目标达成"理论视野下,用户需求呈现出以下特征。

(一)场景化

1.不同场景催生不同需求

在不同的场景下,用户需求或者说想要的进步、目标是不一样的。比如:用户在熬夜时买一杯咖啡是用来提神的,开会前买一杯咖啡可能是为了避免无聊的,在咖啡厅买一杯咖啡是为了拍照发个朋友圈……不同的场景中的用户需求其实都是不一样的。不同场景会细致地满足用户需求,还会催生用户的全新需求;反过来,用户的新需求又为新产品、新商业提供了源源不断的新动力。

2.新技术带来新场景需求

互联网大数据新技术与场景的互动,现在已构建创造了许多新的应用场景。比如:移动支付和微信的基础设施化,促进了无人服务、自助服务等新场景、新商机的出现,6号包厢、亚马逊无人书店、共享单车、无人健身房等正在渗透并改造各种本地生活服务,满足用户生活场景需求和目标。场景成为商业竞争的基础设施,产品竞争也已进入场景竞争。无怪乎网飞(Netflix)

的创始人里德·哈斯廷斯在被问"你们是不是在和亚马逊竞争"时回答："其实我们是在和你(用户)放松时做的每件事竞争——电子游戏、酒、视频网站、棋类游戏……"

3."场景流"实现用户对体验伴随的需求

技术支撑了"场景流"的出现。在数据、信息、空间流动的场景中,用户的情绪在时间的流动中被不断地激发、涌现,用户对场景的需求不再是在某一个具象和静态的场景里,而是在流动的时空里更加被满足。因此,满足用户的场景需求最重要的就是满足用户的体验需求。沉浸式戏剧、网红直播导购、线上线下的融合产品、社区营销、虚拟现实营销都是为了延长需要被满足的过程,以达到用户在目标驱使下的主动需求。

(二)追求不符合逻辑

传统商业依据多年累积的经验,产品或服务是以满足普适性的需求、获得更大数量的用户为目标的,品牌与用户之间并没有形成有效的情感连接和价值认同。

互联网大数据下的商业依靠算法和数据,而且个体意识崛起,用户不再追求"大众流行"的东西来满足一般的功能或心理需求,追求独特的小众化、个性化的意义满足成为大趋势。如互联网的免费内容很流行,尽管用户有时候对免费内容的杂乱冗余有意见,但并不妨碍用户对其低成本的阅读感到满足,而且大多数的免费内容轻、薄、快、小,适合移动互联网时代用户碎片化阅读习惯。反碎片化、反娱乐化、反浅俗化,因价值观的认同形成了独特的社群文化,满足了炫耀阅读品位的用户的需求,实现了品牌与用户之间的有效连接。

(三)更细节化

互联网大数据时代的用户具有与传统消费者完全不同的需求,更细节化不仅仅是指产品设计上的细节,更是指用户对品牌产品或服务有更深层次的核心诉求。

用户不是需要一个产品,而是因为需要让自己的生活有所进步,才把这些产品或服务拉进自己的生活中。用户真正的需求不在使用功能上,而是在情感和社会层面,用户需要用更细节的内容或形式为价值意义买单,从而完成对情怀感动、文化认同、个体表达和社交属性等精神消费的升级迭代。

吹风机类的小家用电器品牌的竞争核心是技术和质量,所有竞品的角逐点都集中在此,戴森在这两方面都无须担心,但是戴森无扇叶超声波吹风机的成功来自更细节的体验升级:极具未来感的无扇叶设计,针对不同女性用户对发质保养、发型维护、手持重量和舒适度等的需求,重构吹风机的各项功能。"技术＋设计＋更懂你",打造了戴森"中产阶级家庭品质生活代表"的品牌认知,让戴森提升自己的品质满足用户的生活需求,更细节化地完成了品牌价值意义和用户价值意义的连接。

三、数字时代用户需求的塑造方法

（一）利用品牌场景的深入拆分,快速形成用户需求

品牌场景塑造是用户消费形成的重要物理场所和心理场所。品牌场景本身的品牌定义能力、对某一群体的影响能力、场景多种功能的交互重组能力及唤起用户品牌体验的能力,都会对品牌用户需求的形成和消费的实现产生关键影响。

对于品牌场景,用户一般希望:

1.场景能够带来自我认同

当前大多数用户需要在消费中寻找自我身份与自我认同。而在数字化时代的今天,不仅仅是消费的物品能体现用户对身份的自我认同,消费的仪式和场景,同样能起到相同的作用。比如在当前年轻人的奶茶消费过程中,一系列旨在表达象征意义的流程、话语和动作构成了消费者仪式性行为。而不同城市的消费空间和场景塑造,更是让个体在话语躁动和注意力包围中表达自我情感,并在体验式参与和群体性欢乐中获得了认同联结。

2.场景能够带来具有仪式感的愉快记忆

心理学研究表明,人类有寻求快乐而规避痛苦的本能,愉快的记忆会培养用户的习惯和忠诚度。如在特定场景的奖励性体验会给用户愉快的记忆:在航空延误场景中,微信飞机延误险在飞机落地时自动发红包理赔,这比普通购物场景平台发红包更能给用户带来愉快的记忆。这样的愉快记忆具有持续性,会在用户下一次候机时被迅速唤起,拉长了用户对品牌的情绪体验。

3.场景具有期待感

期待感会延长用户对品牌的情绪体验和记忆,会养成用户对品牌消费的习惯和依恋。"花点时间"类的每周一次不确定花种的鲜花配送电商,会让需要鲜花点缀日常生活的用户产生"这次会是什么样的鲜花"的期待;美国一年一度的格莱美颁奖典礼、"超级碗"中场秀等盛宴,培养了用户对品牌IP的期待。年度盛宴的场景已经不是纯粹的产品本身,而是用户用一年时间期待在情感上的爆发,这样的期待是年复一年的。

(二)制造更细节化的品牌体验,锁定用户需求

由产品思维向用户思维转变后,用户需求已经不再局限于产品功能演绎,而是转移到产品精神诠释上。人成为品牌的入口和连接点,因此,更细节化地抓住品牌用户需求,是品牌塑造的有效途径。

更细节化的品牌塑造方法有:

1.依靠数据技术的力量

把通过算法进行的对流量、行为等的有效收集和分析,作为精准把握用户需求、创造品牌连接的原点。如针对一位日本年轻的妈妈希望在持续的癌症化疗中减少脱发的需求,医生在IBM的超级计算机"沃森"的帮助下对数据进行逻辑推理,实现了个性化的诊疗。

2.更细致地做好用户情绪需求与价值追求和品牌场景的连接

用户的情绪需求和价值追求不会凭空出现,总是在品牌所塑造的场景中被激发出来,并在品牌提供的持续内容中被层层加深体验,最终双方理解合并,沉淀下对品牌的记忆。如2022年4月15日,崔健在视频号上开演唱会,那天直播间在线观看人数超4600万人。一个IP不是偶然的,崔健成为一个时代的精神符号,就在于崔健唱的"怎样说,怎样做,才真正是自己",给大众找到了一个情绪的闸门,让被疫情困住身心、在很长的时间段里困惑焦虑迷茫的人们随时都可以体会到:你并不孤独,和你一样的人,甚至不如你的人,都在用力地活着。IP也好,品牌也好,与用户之间最大的默契莫过于共情产生的连接力量。

(三)用设计力驱动机制,反向驱动用户品牌需求

设计力是一种创造性的商业思维和方法,与传统的品牌形象设计不一样。在品牌的塑造中,设计力包括产品设计、文化设计、空间设计、用户体验

设计、商业模式设计等品牌系统性构建的能力。在很多时候,品牌不是追随迎合用户,而是引领和反哺用户,是通过设计成果反向促进用户认知的完善升级,以此创造出更多的新品类、新品牌,形成新的消费精神。

用设计力驱动用户品牌需求的具体路径有:

1.融合的方法设计

通过跨界连接、新旧交融、复合空间、重新定义等方法构建品牌,足够丰富品牌场景与用户的从物理到心理的品牌体验的连接。里外服饰＋方所空间、内外内衣＋运动健身Curves、之禾＋生活空间,服饰、书店、餐厅、展览等融合品牌的多元展示,完成了与用户需求的全连接。

2.有参与感的运营规则设计

Bilibili是一个弹幕视频网站(通常被称为"B站"),通过体现用户参与感的运营规则设计、PUGC(专业用户生产内容)机制,充分调动了用户注意力和内容创造的积极性,显示了品牌对用户个体表达的理解,满足了用户被尊重的需求。而且其参与方式设计得简单易上手,保证用户乐于参与和分享,使品牌传播形成信息流。

3.多元的内容设计

品牌能够持续吸引用户,其内容设计一定有来自文化的支撑。品牌所包含的产品、传播、用户连接及场景营造都必须服从统一于品牌顶层的文化内容属性,才能驱动与用户对文化认同的需求。如加拿大瑜伽服饰品牌lululemon(露露柠檬),围绕产品设计了多样的品牌内容体验:瑜伽服饰＋每日媒体化的瑜伽文化主题输出＋瑜伽社群捆绑＋围绕瑜伽的活动空间＋健康轻食心理指导＋持续运动鼓励的情感联系＋瑜伽新服饰品类定义……围绕用户需求建立了多元化、全方位的品牌与用户的连接,打造了一个"以健康生活方式为灵感"的运动品牌。

第三节 用户决策流程的变化

一、用户决策流程及影响因子

(一)用户决策流程

所谓用户决策流程,是指用户为了满足个体的某种需求,在一定购买动机的支配下,对自己需要的产品或服务品牌、品质、价格进行分析、评价、选择,最终完成购买决策的过程。

用户决策流程一般包含需求认知、信息收集、方案评估、购买决策和购后行为,如图3—1所示。

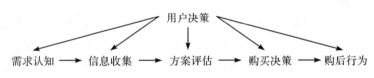

图3—1 用户决策五步流程

也有传统营销理论将用户决策过程分为三个阶段:认知阶段、情感阶段和行动阶段,如图3—2所示。

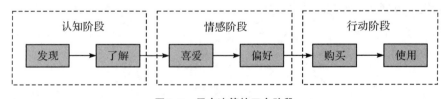

图3—2 用户决策的三个阶段

无论是五步流程还是三个阶段,都说明用户的决策过程是非常复杂的。在需求认知阶段:个体用户的差异巨大,用户对自我需求的认知和对所购商品需求的认知,会影响用户对所购商品的欲望程度和决策时长;而且信息获取的便利程度会影响用户的认知愉悦感和决策时长。

在信息收集阶段:用户会针对需求进行产品、服务品牌的信息收集,包括消费经验、已消费用户的评价与评分、品牌口碑等;信息会影响用户对产品、服务品牌的认知和了解,影响后续的购买决策;因知识水平、对商品的认知度及社会生活环境的不同,用户获取和收集信息的方式也会有所不同。

在方案评估阶段:用户根据收集到的信息进行比较和评估时,信息处理的难易程度会影响用户决策的时长;用户对信息进行分析过滤和筛选的角度和标准因人而异,还会受到环境和关系的影响,形成的判断会影响下一步操作。

在购买决策阶段:用户完成信息对比评估后,结合自己的需求意愿确定选择标准并最终决策。用户的决策过程受情感、情绪和外部环境、关系的影响。

在购后行为阶段:购后的行为一般包括对产品、服务的享受和反馈评论,反馈评论信息会对后续潜在用户的决策产生影响;一般情况下,用户会在对商品不满意时主动去评价(吐槽)商品。

(二)用户决策的影响因素

用户决策流程是一个判断和选择的心理过程,会受到来自外部环境、心理层面及内外相互作用的很多因素的影响。在所有影响因素中,价格当然是影响用户决策的最重要因素之一,但是更为重要的应该是文化、社会和个人因素,如文化因素有主流文化、亚文化等,社会因素有群体、阶层、家庭、角色地位等,个人因素有年龄、职业、经济状况、个性和自我概念、生活方式和价值观等。当下用户对品牌意义的追求也已成为影响用户决策的重要因素。此外,用户对品牌的认知程度、购买动机、人格变量及品牌对用户的刺激方式都是影响决策的因素。影响用户决策的关键因素如表3-1所示。

表3-1　影响用户决策的关键因素

个人因素		心理因素	社会因素	文化因素
稳定因素	随机因素			
年龄 性别 种族 民族 收入 职业 家庭 生命周期 ……	特定场景 一定条件 ……	态度 个性 经验 ……	角色 家庭 群体 阶层 ……	主流文化 亚文化 ……

所以,影响用户决策的因素很复杂,用户决策会受到技术、经济、文化、社会发展等宏观方面的趋势的影响,也会受到用户个体特征、情绪变化、感知突变、偏好所引起的心理活动的影响,还会受到用户在特定场景和特定条件下产生的外部随机因素的影响。这些影响因素有些是可以直观看到的,有些则是无法直接观察到的,需要通过一定的方法进行用户行为分析才能总结和提炼出来。

(三)数字时代用户决策的特点

数字时代的用户决策从本质上看是基于人类认知过程的目标驱动行为,是目标导向下的问题求解过程。但是大数据是人们获取对事物和问题更深层次认知的决策资源,也是人们进行决策分析和处理的有效工具,因此当下的用户决策形成了鲜明的特点。

1.动态性

互联网大数据对事物的反映是持续增量和动态的,大数据环境下的用户决策也相应地从传统的相对静态的决策向动态渐进式的决策转变。

2.不确定性

数据时代用户决策的不确定性一是因大数据具有来源和分布广泛、关联关系复杂等特性,难以保证信息的全面性和完整性;二是因大数据固有的动态特性决定了大数据的分布存在随时间变化而变化;三是因大数据中普遍存在的噪声与数据缺失现象决定了大数据的不完备、不精确性。大数据分析处理技术还存在着不足,导致用户决策的不确定性。

3.多维性

在数字时代,大数据信息具有多源异构特性,跨媒介、跨行业、跨视角带来信息的开放、交叉验证、互信息。用户决策会更加注重数据的全方位、系统性和相关性,对每个单一问题进行决策时都会以整体优化为前提,从全局性角度进行思考决策。

4.相关性

传统的用户决策会在过往的数据分析基础上,利用人类特有的逻辑推理能力来探索事物的因果关系,从而解决问题。但在大数据环境下,人类的思维方法发生了改变。即使不知道原因,人们也可以从大量的数据中直接找到答案,当然前提是有足够多的数据作为算法学习的基础。算法利用足够多的数据,分析数据之间的强相关性,挖掘出相关性的结果,如谷歌"点击模型"的分析预测越来越准确。数据的相关性取代了原来的因果关系,成为大数据背景下用户决策的核心思维。

二、数字时代用户决策路径的新变化

(一)消费者决策路径的发展变化

1.漏斗型路径

美国著名的广告人艾里亚斯·路易斯于1898年提出了第一个描述消费者决策的漏斗型路径,如图3-3所示。

漏斗型消费者决策路径

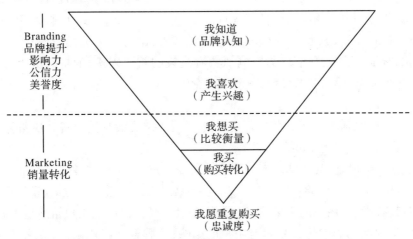

图3-3　消费者决策的漏斗型路径

在这个模型中:消费者对品牌认知、产生兴趣、比较衡量、购买最终到忠诚,是线性发展的;漏斗从上到下是一个倒金字塔形状,每个阶段的宽度表示进入每一个步骤的消费者的比例,从上到下比例逐渐变小;品牌在每个阶段对消费者施加的影响呈现出单向线性、自上而下、连续传播模式的特征。

2.环状路径

麦肯锡在2007年提出了消费者决策流程(Consumer Decision Journey,CDJ)理念,认为消费者决策路径应从线性变为环状。2015年,麦肯锡确定了消费者决策环状路径的升级模型,如图3-4所示。

麦肯锡环状消费者决策路径

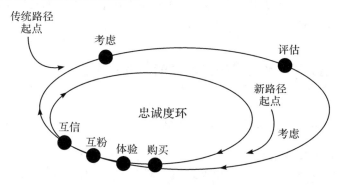

图3-4 消费者决策的环状路径

在这个模型中:模型由"购买环"(Purchase Loop)和"忠诚度环"(Loyalty Loop)两个环内切组成,包括考虑(Consider)、评估(Evaluate)、购买(Buy)、体验(Experience)、互粉(Advocate)和互信(Bond)等六个关键阶段;品牌被弱化,体验、互粉、互信成为影响消费者决策的重要因素;消费者决策过程中,每个节点环环相扣,形成闭环,彼此影响。

3.路径3.0

2019年,陈慧菱在《哈佛商业评论》发表的《数字时代消费者决策路径3.0》提出了3.0模型,如图3-5所示。

在这个模型中:品牌影响力要全链覆盖用户,在用户的考虑(Consider)、评估(Evaluate)、体验(Experience)、互粉(Advocate)、互信(Bond)等阶段都要对其有影响;用户的决策路径变得纷杂、无规则可寻,但用户始终是中心;用户间的互相影响超过品牌对用户的影响;品牌触点碎片化、细节化,促使品牌精准化管理。

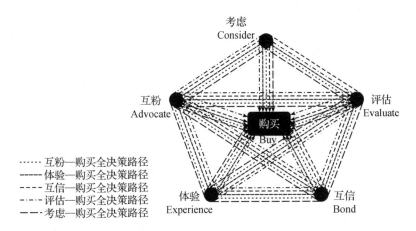

图3-5　数字时代消费者决策路径3.0

（二）用户决策路径变化带来的新现象

1.技术决定用户决策的路径

每一次技术的进化，都会带来不同的商业逻辑和消费行为。互联网信息技术不仅促使信息由单向线性传播模式向双向沟通模式转变，而且使传播双方都成为信息的传播者和接受者，传统的漏斗型品牌强势单向度的模型无法准确表达现代用户的决策路径。

移动互联网技术的到来，使信息传播不再受时空的限制，传播速度极大提升，用户的消费决策可以轻易从一个阶段进入下一个阶段，或者间隔跳跃到其他阶段。购物行为变得简化易操作，极大地缩短了决策的过程。用户体验决定了购物路径和品牌对用户的影响程度。

大数据技术来临后，用户获取信息的渠道急速增加、速度急速提高，所获信息数量急速增长。信息真正进入多方向、多层面、多维度的开放性交流状态，使得用户决策路径呈现出纷杂、无规则可循的特点，决策进入非线性、非环状的多交叉路径。

2.信息成为用户决策的关键

用户决策的基础还是信息的收集辨认。传统的用户决策基本依据品牌方提供的单向性的信息，而互联网和大数据技术提供给了用户打破时空限制主动进行信息搜集和辨认的能力,使得用户在决策中掌握主动权,让决策实现了以用户为中心,品牌方的影响在弱化。

3.用户影响用户决策

用户间的信息分享、互粉、互信、互评会产生强大的黏性,用户对用户的影响超过了品牌方对用户的影响。

4.用户陷入选择困难症

良莠不齐、真假难辨的海量信息爆炸式涌现,一方面使用户选择范围变广,另一方面使用户不知如何判断和抉择。

(三)用户决策行为变化对品牌构建的新影响

1.用户的品牌认知无规则

传统的用户决策过程中,用户是先有对品牌的认知,再做出购买决策。互联网大数据带来的电商模式和融合商业模式,在信息无缝传递和购买便捷的条件下,改变了用户的决策路径。无论是被低价吸引还是因朋友社交圈推荐,用户先冲动购买再认知品牌的现象大大增加。用户在消费决策的任意一个阶段都可能做出购买行为,彻底打破了传统线性品牌认知决策的思维方法。

2.品牌与消费者触点无规律无限增加

传统商业中,用户先是被动地接受品牌方的品牌信息,形成对品牌的认知,再做出决策。在互联网大数据时代,媒体去中心化,信息来源渠道多、数量庞大且碎片化,用户的注意力变得稀缺又分散,品牌对用户的影响变弱。但是碎片化的媒介也带来了品牌与用户无限多的信息触点,而且品牌方并不知道哪个触点能够影响用户的品牌认知、喜好及消费决策,品牌权力旁落。

3.用户决策场景随意多样

传统商业中,用户"认知—兴趣—衡量—购买—分享"的线性递进行为模式被打破。由于技术发展,媒体数量激增,用户在日常生活中随时随地能接触到品牌信息,无现金扫码支付、机器学习让购物花样翻新,物联网技术让购物越来越智能,冲动型消费变得越来越多,影响用户决策的场所、场景变得异常丰富。

三、数字时代引导用户决策的新方法

（一）洞察用户从"买什么"变为"为什么买"

传统的用户决策研究基本上关注用户在什么时间什么地点买什么，这种研究角度在大数据下的意义不大。大数据下最有价值的用户信息是用户为什么决策购买。品牌方应从关心用户"买什么"，转为关心用户"为什么买"。根据用户购买记录、购买习惯、支付方式、生活习惯、工作日程等行为信息，连点成线，利用算法研究用户"为什么买"，这可以帮助品牌向目标用户精确推送品牌和产品信息，提高效率。如某女士最近买了条很贵的裙子，大数据显示，这是因为她要参加一个非常重要的会议，那么下一次她的日程表上有会议或者聚会的时候，品牌就可以给她推送高档服装的信息。品牌精准推送的基石是理解人、理解人与品牌的连接点和关系。

（二）在用户决策的各个节点建立品牌触点

用户决策路径3.0纷杂而无规则可循，在考虑（Consider）、评估（Evaluate）、体验（Experience）、互粉（Advocate）、互信（Bond）各个阶段，用户都会产生对品牌信息的接触。而且品牌信息触点更加碎片化，有来自付费媒体、自媒体、口碑等的信息，用户相互间的影响超过品牌对用户施加的影响。在用户决策路径的各个节点持续设计具有创意、意义的内容触点和有趣、便捷的连接入口，会吸引用户注意力并持续增加用户黏性，促进用户品牌认知的商业转化。

（三）用数字技术改变品牌构建方式

以大数据算法及AI技术作为支撑，以数据和用户需求为核心，品牌可以用精准的数据分析快速反馈用户在品牌认知、选择、决策中的体验，实现全流程的自动化，用数据和用户之间的匹配关系来配置品牌资源。如用MarTech的聚类模型、倾向性模型、推荐模型、价值模型四种预测模型来推算用户需求，进行精准预测，可以帮助品牌理解用户，激活用户对品牌的感知，建立品牌认同。

拓展阅读

[1] 汤普森.引爆流行[M].师瑞阳,译.北京:中信出版集团,2019.

[2] 西蒙森,罗森.绝对价值:信息时代影响消费者下单的关键因素[M].钱峰,译.北京:中国友谊出版公司,2014.

思考题

1.结合某个品牌,思考该品牌的用户需求发生了什么样的变化,品牌是如何应对的。

2.结合自己的线上和线下购物经验,分析线上、线下购买决策的流程有哪些不同之处。

第四章　数字时代品牌传播主体和目标的变化

本章要点：

　　1.以产品为中心到以用户为中心的生产模式变革使得品牌传播目标个性化。

　　2.数字时代企业主体的传播需求以"数字化"为核心,传播模式以"人"为中心。

　　3.借助PDCA循环理论阐释"以终为始"的目标设定模式。

关键词：

　　品牌传播;生产模式;数字传播;传播模式;PDCA循环

　　随着科学技术的发展及市场化程度状况的变化,企业生产模式逐渐从以产品为中心转变为如今以用户为中心,生产模式的改变使得品牌传播目标发生变化。品牌传播目标的内容和形式要根据媒介、市场和用户等要素的改变而改变。"以终为始"构建数字时代的传播目标以适应竞争激烈的市场,成为企业和品牌方重点关注的领域。

案例窗:乐高——"共创产品"的顶级玩家

　　2003年时,乐高债务近8亿美元,而2018年则跻身世界500强,乐高以三阶段"共创产品",实现涅槃重生,在全球都是独一无二的,其各种"共创"模式至今被模仿却无人能超越。

　　1."乐高就一直在向孩子们请教,看他们心中的故事是什么样子"

2005年,新高层到任,首先发起了一个"核心引力"项目,组织了一系列市场测试和儿童焦点小组活动,甚至参加"积木盛宴"活动——新CEO纳斯托普与500名乐高成年粉丝进行了长达3小时的交流。

接着,乐高在全世界招募2000名儿童,创建了一个"儿童圈子",邀请他们来测试玩具:孩子们登录官方论坛,在上面评论设计师设计的玩具图片和初期玩具原型,并针对即将上市的套装发表自己的看法。

2."乐高大使"计划

2005年后,乐高推出"乐高大使"计划,从全球30多个成人玩家社群中挑选出20名"大使",大使们将社群的问题和要求直接反馈给乐高集团,同时乐高的设计者也通过大使们搜集想法。

后来,这些大使们逐步成为乐高的创新驱动力,形成了乐高第一个共创群体——乐高官方认证社群。目前全球有360个认证团体加入LAN(LEGO Ambassador Network,乐高大使网络)。

乐高大使网络汇聚了全球一些最活跃和最具创新精神的AFOL(Adult fan of LEGO,乐高成年爱好者)社区。这些认可社区与其他AFOL社区及乐高集团本身合作、参与和知识共享。认可社区分为三种不同类型(RLUG、RLFM和RLOC),每个社区也是独一无二的。

接着,乐高将玩家中的极致创造者引进公司,让他们直接参与到品牌构建和产品的创新中,这就是LCP(LEGO Certified Professionals,乐高专业认证大师)。截至2021年,全球有21位乐高专业认证大师。

在LCP名单中,最为人熟知的是同时拥有LCP及乐高拼装模型大师(LEGO Master Model Builder)称号的奈森·萨瓦亚(Nathan Sawaya)。5岁开始玩乐高的他,原本任职律师,因参加乐高举办的比赛获胜,赢得在乐高工作的机会。不久他选择自立门户成立工作室,并于2007年举办全球首个以乐高积木为创作的展览《the Art of the Brick》——一场集艺术、创意、美感和思考于一体的巅峰体验展览。

至今,奈森·萨瓦亚的作品巡展已走入北美、欧洲、澳大利亚和中国等的近百座城市,并屡屡打破到场人数纪录。

3.LEGO Ideas——群智初现

为了更好地适应时代,2014年乐高搭建了"LEGO Ideas"共创平台。这里汇聚了全世界各地的玩家和创作者,他们将对乐高的未来产品进行想象、创造、提案。

13岁以上用户,上传自己的创意作品,然后在整个社区中寻找支持自己创意的人,获得他们的"点赞/支持"(Vote)。如果在两年内得到了1万票支持,乐高就会对其作品进行评审,并将之变成乐高的新品,在全世界发售! 假如新品在全球范围内发布,提案者不仅可以参加各种活动,成为明星,还可以获得1%的销售分红。社区每周都会发起挑战活动,鼓励用户发挥他们的创意,分享他们的创作,并获得相应积分和徽章。目前,用户发挥创意已经不需要拥有乐高玩具本身,他们可以通过免费第三方的乐高CAD软件"乐高数字设计师"(Lego Digital Designer,LDD)进行设计并提交。

截至2021年7月,LEGO Ideas拥有超过180万名注册会员,他们提交了超过36000个项目,有200多个作品获得了1万票的支持。其中已经有几十套被推向市场,包括来自美剧《老友记》的Central Perk玩具套装(该套装在发布后几小时内就被抢购一空)、来自NASA的土星5号火箭套装,以及树屋套装(该套装是由植物性的乐高砖块制成的)。

4.LEGO World Builder——元宇宙大未来

在数字化提速下,乐高再进一步。

LEGO World Builder(乐高世界建筑师)诞生,乐高与Tongal公司(连接自由职业者和视频制作的平台)合作,为玩家们提供一个创意开发、彼此赋能的平台,鼓励粉丝们协同创作乐高的新概念、新故事、新产品。

乐高创新了Mindstorm(头脑风暴,乐高出品的可编程机器人系列玩具)。由乐高、麻省理工学院和使用者社群共同形成了一个包含供应者、合作伙伴顾问、外围制造商和大学教授等的完整生态系统。

思考题

1.2003年,乐高负债近8亿美元,它是如何构建以用户为中心、与用户共创的产品来实现涅槃重生的?

2.你认为乐高的传播目标发生了哪些变化?

第一节　生产模式改变导致品牌传播目标的变化

一、生产模式的变革:从以产品为中心转变为以用户为中心

生产模式是指企业体制、经营、管理、生产组织和技术系统的形态和运作方式。随着信息技术革命和知识经济的到来,人们的需求日新月异,产品更新换代的周期越来越短,形成了经济全球化和市场全球化的发展趋势,来自不同国家和地区的用户需求也促使形成了多样化和个性化的市场。在当今激烈的全球市场竞争环境中,综合竞争优势才是企业制胜的根本,企业要从市场、研发、制造、组织等环节全面提升竞争优势,快速提高满足用户多样化、个性化需求的能力。

企业产品要求快速生产且满足用户多样化、个性化的需求,必然转向多品种、小批量、多批次、短周期的方向,这导致了产品生产过程的复杂度和多变性,也必然促使企业生产模式进行变革,从"需求—设计—制造—销售与服务"整个产业链和价值链进行全方位的转型,从而具备高效率和高柔性。

(一)生产模式的转变

随着科学技术的发展及市场化程度状况的变化,制造工业经历了三次生产模式的转变。

1.第一次转变——单件小批量生产替代手工作坊式生产

在制造业形成早期,科学技术水平低下,整个世界的市场化程度极低,一般人均是在定期设置的集市或市场中进行商品交换或贸易活动的。当时的生产基本是用简单的工具在手工作坊里进行。随着蒸汽机、纺织机及火

车的出现,市场经济交易范围迅速扩展并开始超越国界。工厂大量出现,以纺织业、钢铁业、造船业、化工业等为代表的现代工业的生产方式基本建立,新技术不断涌现。但世界性的战争频繁,物资仍显匮乏,普通平民消费水平低,单一品种可以长年生产,产品更新换代慢。至20世纪初,企业在技术上开始使用电力生产,但电子技术仍以电子管为主。此时的制造设备广泛使用皮带式流水线,以解决因生产过程中的搬运、移载等产生的效率低的问题。

2.第二次转变——大规模定制生产替代单件小批量生产

单一或少品种大量生产模式是20世纪20年代美国福特公司开创的机械式(刚性)自动流水线生产模式,即大规模定制生产模式。随着世界的相对和平、西方发达国家经济的发展,许多大众使用的产品(如电视、摩托车、汽车、复印机、照相机等)真正被推向市场。这个时期人们收入提高,消费能力也迅猛提高,消费者的争购带动产品产量的增加,以生产为中心的卖方市场形成。随着电脑的发明,为满足市场的需求,大规模智能化的流水线出现了,使高效率低成本的大量生产得以实现。

3.第三次转变——多品种小批量柔性生产替代大规模定制生产

20世纪60年代,英国的Molins公司在世界上首次建成柔性制造系统(当时称为可变任务系统,只针对制造而未考虑产品实现全过程的柔性),被视为多品种小批量柔性生产模式的发端。随着社会经济的发展与产品的大量生产,原先"饥渴"的市场逐渐趋于饱和。进入20世纪八九十年代,快捷、多元化、个性化的需求开始凸显,买方市场时代到来。此时,市场对单一品种的产品的需求量急剧减少,企业普遍面临着大批量生产模式与快速变化的市场多元化需求之间的矛盾。于是,过去的大批量生产模式被现代多品种小批量、富有柔性且具有相同低成本的先进生产模式替代就成为必然趋势。在这个转变过程中,对于解决大批量生产模式与快速变化的市场多元化需求之间的矛盾的理论研究和具体实践就没有停止过,并出现了一系列基于柔性生产模式的先进制造技术与管理方法,主要有成组技术(GT)、独立制造岛(AMT)、计算机集成制造系统(CIMS)、智能制造(IMS)、精益生产(LP)、虚拟制造(VM)、灵捷制造(AM)及制造资源计划(MRPⅡ)、公司资源计划(ERP)等。

(二)多品种小批量柔性生产模式

柔性指的是按照成本效益原则,以"及时"的方式,对产品品种变化的适应能力。一般认为,为更好地响应市场需求的迅速变化,要求企业生产系统的管理对产品的品种与产量能做到快速而灵活的调整,就是所谓柔性化的要求。其实进一步而言,企业柔性的本质是对不可预测变化因素迅速重构的能力,以适应当代和未来的市场环境。

企业柔性同已有的制造设备柔性的狭义概念是不同的,它意味着员工、制造机器设备与仪器、软件三方面柔性的综合。简而言之,企业柔性不仅要求设备仪器有可变性,而且要求在系统中工作的人和软件都有柔性,是从市场研究与规划、设计与开发直到制造生产、市场营销各个产品生产过程环节综合可变性的表现。企业柔性指的是整体可变性,是企业从组织管理到技术系统和支撑环境适应市场需求变化的快速重构能力的表现。就制造设备来说,柔性企业一般采用可塑性强的、可任意组合拼装的,或有兼容能力的单元及模块化结构,以进行多品种小批量的产品生产。

柔性生产模式是一个大概念,是针对整个企业而言的。它在企业中的具体运作基于上文中提到的一系列先进制造技术和方法的集成管理。20世纪70年代,美国提出了计算机集成制造的概念,推动了企业集成管理(即将集成的思想和观念创造性地运用于管理实践的过程)的理论与实践的发展,而柔性生产模式下的一系列先进制造技术和管理方法在企业运用上的融会贯通,就是集成管理的典型代表。

1.精益生产(LP)与准时制生产(JIT)

一般认为,精益生产是指丰田生产方式,其中准时制生产是其典型代表。精益生产的核心思想是以整体优化的观点合理地配置和利用企业拥有的生产要素,消除生产全过程中一切不产生附加价值的劳动和资源,追求"尽善尽美",达到增强企业适应市场多元需求的应变能力,获得更高的经济效益。精益生产的核心其实是关于生产计划和控制及库存管理的基本思想,而在计算机网络支持下的小组工作方式是实施精益生产的基础。

精益生产要求以少而精的生产要素投入管理和追求经济效益的指导思想,是对传统的大规模生产模式的挑战。它的基本目标是零库存、高柔性、无缺陷。精益生产的特点是:

第一,以销售部门作为生产过程的起点,按订货合同组织多品种小批量生产。

第二,在产品开发上有独特的办法,采用"项目经理负责制"。项目经理被赋予极大的权力去组织人力物力资源,并会得到各级领导的支持,以保障开发的顺利进行。开发过程中采用的是并行工程(CE),即在产品设计时,就将其后续的工艺、制造、装配、检测、使用、维修、服务等产品整个生命周期中的相关过程进行全部考虑并一同设计,以减少修改的次数,争取一次成功。确保产品质量、成本目标和用户需求,缩短开发周期是设计开发精益化的要求。

第三,在供应与营销管理上利用利益准则的同时,力求与协作厂和零部件供应商、销售商及用户保持长期而稳定的全面合作关系,形成"命运共同体"。在企业的协作配套领域还可通过参股、控股等办法,建立起资金联合的血缘关系,主厂对协作厂实行分层管理,建立金字塔形的协作体系。在营销上建立统一的营销体系,提倡主动销售,同时做好服务,使用户满意并形成长期稳定的销售服务网络。有了比较畅通的供应链与销售网络流通体系,才能形成真正的准时制生产。

第四,在生产计划与库存管理体系上,精益生产的一大特色是其生产计划与库存管理方法——准时制生产。在"只能生产能够卖得出去的产品"的时代,JIT 是一种有效利用各种资源、降低成本的生产准则,其含义是:在需要的时间和地点,生产必要数量和完美质量的产品和零件,以杜绝超量生产,消除无效劳动和浪费,达到用最小的投入实现最大产出的目的。JIT 是在消除一切浪费和无效劳动、生产系统最优化的基础上缩短生产周期、加快资金周转、降低生产成本、实现零库存的主要方法。传统管理对在制品制造实行供足供饱的"推动式"管理,如 MRP II 就是受主生产计划的"推动",在需要的时间、地点制造需用的零部件,设有安全库存应对市场需求的波动。而追求零库存的 JIT 是一种"拉动(Pull)式"管理。准时制生产首先制订年度、季度、月度生产计划,并向最后一道工序以外的各道工序出示每月大致的生产品种和数量,作为其安排生产的参考基准。而每日的准时制生产指令只下达到最后一个工序。也就是说,前道工序的零部件仅在后续工序提出要求时才生产,后工序取走多少,前工序就生产多少,绝不积压。这样,从最后一道工序层层向前工序领取零部件,直至原材料供应部门把各道工序连接起来,中间不存在任何库存缓冲环节,形成"拉动式"管理。总的来说,JIT 以"拉动式"管理、"一个流"管理和作为 JIT 现场控制技术核心的"看板"管理的结合运用,实现生产制造环节的精益化管理。

第五,在人力资源与组织管理方面,采用团队组织和团队工作方式(即计算机网络支持下的工作小组方式,可以是一个生产小组,也可以由整个车间、公司,甚至包括协作厂和用户组成不同层次的团队),通过建立"共荣"

"忠诚"的团队精神来调动各方的积极性和创造性,这是精益生产组织管理的重要特色。另一个组织管理特色体现在信息沟通及全员参与管理上。决策是自下而上进行的,即由最底层团队员工提出并讨论一致后报上一级管理部门。企业鼓励员工对企业所有工作提出合理化建议并给予奖励。

第六,在质量控制体系上,精益生产采用的是全面质量管理,由所有人员共同参与并贯穿于从设计到制造的全过程中。生产现场的工作小组一般运用QC(质量管理)小组形式进行自我质量检验与改善,取消昂贵的专用检验场所和修补加工区,既保证了质量又降低了成本,使生产成为真正的"精益"。

精益生产与传统大规模生产对比,优越性体现在:所需人力资源减至1/2;新产品开发周期减至1/2或2/3;在制品库存减至1/10;工厂面积减至1/2;成品库存减至1/4;产品质量提高3倍以上。

应该指出,精益生产从某种意义上说也有局限性。如工程师和经理在工作小组中忙于改进产品和工艺,一方面他们不能从本质上提高自己的知识水平,另一方面他们连续的微观改进掩盖了技术创新的必要性,这种现象已导致日本在知识经济时代来临之际落后于美国。但追求完美的不断改进活动是精益生产得以存在和发展的根本保障。

2.灵捷制造(AM)

灵捷制造是在具有创新精神的组织和管理结构、先进制造技术、有技术有知识的管理人员三大类资源支柱的支撑下得以实施的,也就是将柔性生产技术、有技术有知识的劳动力与能够促进企业内部和企业之间合作的灵活管理集中在一起,通过所建立的共同基础结构,对迅速变化的市场需求和市场进度做出快速的响应。灵捷制造比起其他制造方式具有更灵敏、更快捷的反应能力。灵捷制造主要包括三个要素:生产技术、组织方式、管理手段。

灵捷制造的企业具有以下特征:

第一,产品系列具有相当长的寿命。灵捷制造企业容易消化吸收外单位的经验和技术成果。随着用户需求和市场的变化,灵捷制造企业会改变生产方式。企业生产出来的产品是根据顾客需求重新生产的产品或更新替代的产品,而不仅仅是来替代旧产品的全新产品,因此,产品系列的寿命会大大增长。

第二,信息交接迅速准确。灵捷制造企业随时根据市场变化来改进生产,这要求企业不但要从用户、供应商、竞争对手那里获得足够信息,还要保证信息的传递快捷,以便企业能够快速抓住瞬息万变的市场。

第三,以订单定生产。灵捷制造企业通过将一些可重新编程、可重新组合、可连续更换的生产系统结合成为一个新的、信息密集的制造系统,可以使生产成本与批量无关,生产一万件同一型号的产品和生产一万件不同型号的产品所花费成本相同。因此,灵捷制造企业可以按照订单进行生产。

(三)消费者参与生产模式

传统的以生产者为中心的价值创造链条中,消费者并不具备参与商品生产过程中的各项决策和活动的能力和条件。企业根据自己对消费需求的理解形成价值主张,根据自身所拥有的资源和能力,通过有组织的生产活动,按照自我的价值主张把各种要素组合转变为商品,通过销售渠道卖给消费者,实现价值的转换。

互联网让消费者绕开生产者所掌握的传统媒体传播渠道,建立人人参与、人人之间广留数据痕迹的直接沟通传播方式。消费者通过互联网传播的口碑大数据广泛表征对商品的体验和评价,而这种评价直接决定了商品在网络市场的命运。企业要倾听每一位消费者的心声,尊重每一位消费者的想法,认真获取每一位消费者的创意和反馈,才能获得消费者的好评,吸引更多消费者的关注。主动参与生产活动的消费者不仅是满足自身低层次欲望和心理需求的被动购买者,更是基于自我实现的要求来为生产活动贡献自己的各种创意、能力和资源的创造者。

小米的消费者参与生产模式应该是比较成功的典范。

从2018年到2019年仅一年时间内,拥有5个以上小米互联网产品的"米粉"数增长率达到了114%。小米成功建立并推进了品牌与消费者之间的亲密情感,把消费者与产品的互动延伸到小米品牌,让消费者从购买手机类产品延伸到因为热爱和信任该品牌,进而购买小米生活周边的产品并形成小米生态圈。

小米在移动互联、社交应用等广泛应用的当下,重点关注与消费者的全域互动,以"参与感"为主轴,推进消费者从陌生人转变为熟人,做好拥护品牌、分享口碑的4.0关系营销。小米作为品牌方,在通过网络营销活动提升流量转化率的同时,也重视品牌价值观和品牌理念的传递。消费者的需求在改变,消费者已经不再只是购买一个产品,还需要了解品牌存在的意义。

品牌的价值观能否让消费者产生情感上的认同,品牌在每一个触点彰显的"人设"是否一致,这些是互联网情感能否建立的核心基础,有了核心品牌才能开始推进与消费者的关系。

小米的品牌内核始终围绕"参与感"这一清晰主轴,并在消费者全生命周期中落实。小米创始人雷军与品牌及产品的成长及蜕变皆让消费者参与其中,将"米粉"从普通顾客逐渐拉升至强烈认同品牌的品牌大使。小米的消费者参与生产模式分为五个阶段:顾客阶段、忠实顾客阶段、朋友阶段、伙伴阶段和品牌大使阶段。

第一个阶段——顾客阶段:了解产品及品牌理念,感知品牌服务。

小米创始人雷军这样描述小米的价值观:"第一是和消费者交朋友。第二要有合适的产品组合。第三坚持高品质、高性价比。"在小米成立八周年的时候,雷军向全体员工发去内部邮件,强调小米所有的成就归根结底是小米价值观的胜利,小米要继续坚持做感动人心、价格厚道的好产品,坚持创业心态,坚持和"米粉"交朋友。

小米的品牌价值观和品牌理念可以让更多的消费者在了解小米的产品和雷军的理念后决定试试看。一些对小米持反感态度的消费者,在朋友向其推荐小米、介绍雷军演讲观点的时候,感受到了靠谱,决定买一台当作备用机试试看,之后也一直关注创始人雷军的演讲视频,感受到了雷军的真诚及其为产品代言的责任心,后面就持续关注和购买小米产品。这是消费者与品牌初相识并对品牌产生好感的起始阶段。

第二个阶段——忠实顾客阶段:从手机产品拓展到消费者生活圈。

手机更换频率一般为两到三年一次,这种低频消费行为导致品牌营销十分困难,但是小米的衍生产品却可以和消费者建立方方面面的紧密联系。小米通过丰富完善产品组合构建硬件生态链,加上优秀的工业设计,加大对智能生活领域的重视和投资,用一两百个产品提升消费者黏性,并通过对生活产品的高度智能整合和无缝连接,一步步占领了小米消费者的家居生活,最终提升了消费者对衍生产品的购买频次,促进了"米粉"消费习惯的养成。

第三个阶段——朋友阶段:品牌与消费者的交流互动。

品牌建立与消费者之间的亲密互动和良好的社交关系,通过售后服务给消费者一种朋友般的感觉,让消费者觉得品牌是真正帮他解决问题的朋友。这个阶段,消费者会感觉与小米品牌的关系更亲密,感受到品牌的尊重和惦记,还能像朋友一般与品牌平等交流、亲密互动,也能及时反馈自己在产品使用过程中的亲身体验和产品的不足之处,有利于小米品牌及时进行产品升级迭代。

2021年2月9日,雷军邀请了9位"米粉"参加一年一度的"米粉年夜饭"活动。这9位"米粉"不仅在活动中与雷军深入交流,还在后续组成"米粉顾问团",为小米产品提供建议。2021年底,小米公司还策划了一个名为"雷军的新年愿望"活动,在雷军收集的6万多条愿望中有一个名叫"家乐福海盗"的"米粉"这样写出自己的愿望:"想开着小米的房车环游中国。"雷军觉得这个愿望很"酷",于是就答应了。

产品和品牌的创始人与消费者的亲密互动,非常有利于维护品牌价值、传递品牌理念。

第四个阶段——伙伴阶段:重视消费者的声音。

征求消费者意见是小米创造消费者"参与感"的核心手段,消费者在这一阶段感受到与品牌的共同成长和相互陪伴。一些"米粉"这样说:"我经常会提一些功能建议,基本上得到解决之后我都会收到推送消息,那一刻特别美妙自豪。"这种意见被采纳的快感让"米粉"乐此不疲,MIUI的开发版邀请消费者下载尝试新鲜功能,帮助小米发现bug。"米粉"反馈试用中的bug和功能性需求,而这些汇集起来就是消费者和小米工程师一起完成的MIUI。而小米内测粉丝组是在所有MIUI粉丝的基础上独立增加的特殊消费者组。大量内测消费者在相应机型区bug反馈板块发帖反馈,小米的工程师会及时将帖子的问题收录到提案内,不管反馈的问题是否得到解决,消费者都能看到进度。小米以消费者为中心,倾听消费者的声音。消费者参与式完成产品开发、设计与使用体验,伙伴式全程参与小米产品的生产过程,会真正被打动内心,产生长期持久的情感维系和共鸣。

第五个阶段——品牌大使阶段:为小米代言的意见领袖。

品牌大使阶段的消费者已经不仅仅是消费者,更是扩大小米品牌影响力的意见领袖,他们自发通过社交媒体传播有过良好使用体验的小米产品和品牌,并愿意为品牌代言。这种自发式的口碑传播将产生一个个不同个体的意见领袖,覆盖更大范围的消费人群。2022年4月,来自全国12个城市的"米粉"在各地自行发起并组织了"米粉公益月"行动,这是小米创立12年来首次全国范围的"米粉"公益活动。"米粉"们身着印有小米logo的衣服,在不同城市发起了乡村振兴、关爱特殊儿童、关爱老年群体等公益活动。这些公益活动的全国推进对小米品牌的影响力传播有着非常正面的积极效应,消费者为自己喜爱的品牌代言是品牌经营和维系的终极模式。

这五个阶段层层推进,品牌在投入广告营销的同时也加大对消费者关系营销的建设力度。消费者由普通顾客递进到忠实顾客,由忠实顾客递进到朋友,由朋友递进到伙伴,最终由伙伴递进到品牌大使,这是颠覆品牌原有生产模式的根本性变革。消费者运营将更侧重于消费者情感的建立及推进。

二、数字时代品牌传播目标的匹配与优化

伴随着科学技术进步、消费市场个性化和消费者决策社交化,企业生产模式也随之发生了变革,以适应市场和消费者的需求,从以产品为中心的模式转变为以消费者为中心的模式,强化数字时代的社交属性,建构品牌共鸣和品牌价值链,通过传播匹配模型和传播优化模型提升品牌传播效果。

传播匹配模型基于不同消费者、情景及内容因素对传播效果的影响,考虑消费者在决策过程中不同阶段(如需求产生、信息搜索、消费、反馈、分享等)的具体目标与期望结果,以及不同媒体的特征,以推荐最佳媒体选项。传播匹配模型是基于消费者视角来考察媒体特性如何与消费者决策流程相匹配的,回答了如何设计营销传播方案的问题。传播匹配模型是一种自下而上的方式,即根据传播手段在消费者决策过程中不同阶段达到的传播效果来选择传播手段。

传播优化模型是企业自上而下对所有传播选项进行评估,从中选出最有效且效率最高的传播手段,以确保整体效应最大化。传播优化模型从全局来考虑一个营销传播计划的组合效率和整合程度。

(一)消费者决策过程社交化

麦肯锡公司的研究人员提出了消费者决策圈模型:消费者开始初步考虑一定数量的品牌,形成一个意识集,然后搜索和评估品牌信息并修改该意识集(通常会添加更多的品牌),接着选择一个品牌,利用购买后的体验做出下一个决策。技术的发展和数字媒体及社交媒体的到来给消费者提供了更多的活动模式和更多非线性的决策方案,比如,体验和经验分享类的线上论坛和社区为消费者提供了新的信息搜集和评估来源,这改变了消费者意识集的形成方式。消费者决策过程中,社交媒体的互动和分享模式开始影响

到消费者决策,甚至成为消费者决策参考的重要依据。

(二)品牌传播目标个性化

在消费者决策过程中的不同阶段,企业必须考虑以下品牌传播目标。

第一,创建品牌知晓度。企业努力的目的是创建品牌知晓度,确保品牌在正确的时间和地点以正确的方式得到充分的关注。当品牌和各种各样的提示类型、情况和需求状况相关联时,品牌就很容易被消费者回想起来。

第二,传递品牌详细信息。当品牌在消费者的心智中拥有了知晓度后,企业必须让消费者相信并欣赏自己产品和服务的优势,并理解为什么品牌能够更好地提供这些利益。

第三,创建品牌形象和个性。企业期待自己的品牌形象是积极的、强有力的和独特的。积极意味着消费者对品牌持有正面的观感,强有力意味着消费者对这些形象的认知是根深蒂固的,独特则意味着品牌相对于竞争对手是有特色的。

第四,建立消费者信任。消费者可以接收并加工信息,但是他们并不一定会信任该信息中的观点。消费者对品牌诉求的采纳程度取决于该信息的有用程度,即它能否有助于解决当下的问题。

第五,诱发情感。品牌的作用不仅仅是帮助消费者完成某项任务,还在于为消费者提供情感价值。企业应该让消费者对产品产生情感波动,甚至达到依恋与热爱的程度。这种积极正向的情感所带来的作用有时会弥补产品品质的不足。人工智能时代,越来越多的品牌会采用独特的"虚拟代言人",这些"虚拟代言人"能思考、有感情,可以与消费者互动,让品牌成为一个可以与消费者进行互动交流并进行情感维系的"人"。

第六,激发行为。品牌信息被消费者接收、处理与采纳后,可以塑造消费者的品牌偏好,但偏好仅止于意向,从意向到行为之间还存在着巨大的鸿沟。

第七,培养忠诚度。在品牌被购买并消费后,消费者会对产品的表现进行评估,并将这种评估与自己的期望进行比较,如果品牌的表现超过自己的期望,那么就会满意,甚至后续会继续购买该品牌,从而达到行动上的忠诚。反之,如果品牌的表现低于预期,消费者就会不满意。

第八,联结消费者。满意的消费者会激发品牌重构行为,但有时人们仅仅是因为没有其他更好的选择而不得不进行重复购买,此时消费者看似忠诚,其实不然。企业要让品牌与消费者在心理层面建立联结,让二者产生共鸣,让消费者为品牌喜、为品牌忧。在社交媒体发达的今天,品牌更要通过各种手段与消费者频繁地接触与互动,建立牢固的品牌联结。

第二节 企业主体的传播需求和传播模式的转变

一、数字时代企业主体的传播需求

(一)企业的数字服务化和人的数字化

从整个社会来看,依托数字技术,以互联网为基础的新的传播形态对人类日常生活中的各种信息传播和交流活动进行了虚拟的还原和放大,这种传播形态创造了一种新型的数字生活空间。数字生活空间不是现实空间和虚拟网络空间的简单相加,而是相互影响、相互交融,从线下到线上,再从线上到线下。在数字生活空间中,数字服务化是企业发展的新机会,也是发展的必然阶段。虽然整个转型和改变的过程将十分漫长,但企业要想取得长足进步,就必须适应数字社会环境,善于利用数字技术实现自身组织模式、商业模式、服务模式的变革。

人的数字化就是在数字生活空间中,消费者变成了数字化的"生活者"。企业与生活者在数字生活空间中相遇,与生活者进行一对一的互动沟通,为生活者提供充分个性化的产品,这种形态类似于服务营销。也就是说,企业不再是传统意义上做好规划、研发产品,然后营销推广、大量售卖,而是在数字生活空间中快速地获取生活者的需求,根据需求快速地反应,邀请生活者参与产品的研发过程,不断升级产品或服务,满足他们的需求甚至超越其需求。"人"的数字化,使得"企"的数字服务化势在必行,也为企业的数字服务化提供了先决条件。时至今日,企业的数字服务化概念早已不再陌生,这一概念比元宇宙更早地进入社会的生产生活之中。

互联网技术对经济社会的冲击可以概括为三个阶段,即传播方式的改变、生活方式的改变和生产方式的改变。互联网技术对传播方式和生活方式的改变已经毋庸置疑,但是对生产方式的改变才刚刚开始。几乎所有的消费行业,为了不被市场淘汰,都在加速数字服务化的进程,从生产方式的源头开始改变,努力通过数字技术适应新的市场竞争。

(二)数字化视角下企业的数字传播

1.基于数字化企业自身的数字传播

企业未来的传播发展,依旧要基于数字能力提升、组织架构调整和商业模式重构等,从多个方面进行变革。基于数字技术的先进服务导向商业模式,可以帮助企业在降低运营成本、拓展营销渠道的同时获得额外收入,保持与用户在各个空间的长期联系,提高资源利用效率。在数字能力方面,企业既要在体验层、发现层加大技术投入,更要在基础设施层、创作者经济层和去中心化层加大技术投入,在保持优势和保持创新精神之间求得平衡,其中包括数据分析和管理能力、数字内容创作能力、在复杂社会环境中发展出的基本技能等。在组织架构方面,企业首先须要单独设立针对元宇宙的数字传播分部门,建立企业虚拟形象系统和空间系统,对企业在元宇宙中的定位和服务功能提前布局;要确定以用户为中心的价值观,建立起平台化、扁平化、中台化的组织结构,以应对外部环境的快速变化。在商业模式重构方面,企业可以在元宇宙中与个人和其他社会组织联合创造更多玩法,如提供虚拟秀场、虚拟酒店等多种元宇宙场景的服务,这些新的服务模式、方式必定会带来商业模式的新一轮变革。

2.针对数字化个体的数字传播

元宇宙的丰富同样依赖于创意传播的不断进化和发展,依赖于更强的生活者参与度。借用数字技术,元宇宙将会不断地突破物质世界限制,从而建立起一个丰裕度和复杂度媲美物质世界的数字世界。一方面,人类社会千万年来受到的空间地理束缚被彻底打破,人们可以自由地进入不受现实因素限制的数字生活空间,原先难以改变的人的"属性"和"特征"在元宇宙中被人们重新而自由地选择。仅这一个自由度的极大拓展,就凸显出了元宇宙在哲学意义上的极大广度。人们可以依据自己选定的"角色",让内在的特质、本性、个性、能力等在元宇宙世界中充分发展,实现更多的人生价值。另一方面,元宇宙能够将现实中的人更全方位地连接到数字生活空间,实现真正意义上的虚拟世界。尽管这一目标从现在看来还很遥远,但其美好愿景应是能够全面超越当前互联网世界的。

元宇宙中的数字化个体已经不是传统意义上的消费者,而是生活在数字生活空间中的"生活者"。在数字生活空间中,生活者不只是单纯的消费者,也不只是在购买产品或者享受服务,他们还是生产者,也在生产产品、提供服务,每一个生活者都同时兼具多重社会功能和社会角色,社会参与度明显提高。例如:沙盒建造游戏"我的世界"和抖音软件的使用者已经在主动地创造内容、创造世界。因此,企业应该和数字化个体保持良好的互动,要认识到数字化个体在元宇宙中是天然的文化和创意的主动创造者。只有善于激发用户的创作热情和参与激情,才能更好地帮助企业实现在元宇宙中的数字传播,过去"大教堂式"的封闭运营模式终将被淘汰。

二、数字时代企业主体传播模式的转变

数字技术的发展正在重塑整个社会,无时无刻不影响着所有的参与者。企业传播的内容与形式都发生了很大改变,越来越重视与消费者的沟通,无论是媒体形式、投放方法,还是投放时间,都是在充分考量消费者的基础上确定的。

(一)从人际传播、大众传播到大众人际传播

人际传播与大众传播在传播学领域一直处于一种二元对立的态势中,这种态势并非恒定不变,它随着数字技术和社交媒体的出现而式微。元宇宙的出现也在一定程度上融合了大众传播和人际传播的要素,使得在元宇宙语境下划分"单向/双向""同质/特质""中介/非中介"的标准变得不再可行。元宇宙的数字拟态让很多个性化、隐私化的内容变成数据意义上完全公开的活动。当传播者在这种默许的环境中意识到自己的谈话或行为表现可以被他人观察时,这种交流行为本身可能也会发生一定的改变,形成大众人际传播形态,在这种形态下其具备个性化程度高、可及性强的特征。

大众人际传播带来的影响不是孤立的,它使得传播过程中出现旁观者效应。这些旁观者虽然被排除在当时当地发生的活动外,但借由元宇宙带来的时空压缩工具,人类行为的结果延伸到的那些不直接参与其中的人,变成虚拟语境下的真实在场。社交媒体是大众传播和人际传播的融合体,用户既可以通过社交媒体获得大众传播的内容,也可以就某些议题与朋友进行分享与交流,甚至作为自媒体也可以在社交媒体发出自己的声音。

利用社交媒体的大数据挖掘技术,企业可以将大众化信息传播转变为数字化精准传播。因此,企业必须对精准传播的特征进行分析,指出其发展前景及广告传播营销准则,及时更新广告营销观念,摒弃落后的单向信息传递观念。

(二)个人主体传播的角色调适

社交媒体将每个人都纳入传播的节点,企业传播的主体角色不再仅仅是过去媒介内容的生产者与把关人,主体工具也不再仅仅是信息内容输送与呈现的媒介平台,"人"再次成为故事的焦点,以个人为基本单位的传播力量被激活。人、技术、媒介的互嵌与互构,使技术意义嵌入人的身体,开始成为企业传播中的"终极媒介"。同时,被技术穿透浸润的身体,达成了心智、身体与环境三者合一的具身性传播,并与机器、平台、算法等共同搭建了企业传播的话语景观,使人身在内容中,本身即为内容,让传播内容看得到、看得下去、看得懂,深刻减少编码解码过程中的差异。

个人在社交媒体时代的媒体传播效应不断扩大,个体的交往行为也开始作为重要的传播内容而存在,传播话语得到释放与再分配。企业传播朝着消费者控制导向发展,消费者开始参与到信息生产、传播及决策的过程中,消费者的消费模式由之前的被动接受,转变为主动收集、交流信息、参与互动。传统信息传播形式下由营销者、媒介控制的部分权力正在悄悄转向消费者,这种权力的变革体现出广告营销过程中企业越来越重视消费者的感知和需求,传统的营销模式必须尽快做出调整。

(三)去中心化的结构样态

社交媒体正在促使社会关系从彼此互动的地域性关联中进一步脱嵌,极大扩展着时空延伸的范围,将地方性和全球性因素以前所未有的方式联系起来,帮助个体、群体、机构和国家跨越地域化情境,建构更为去中心化的社会关系,突破二元结构思维和文化等级观,强调多元主体共生共荣。社交媒体下的各类社会权力主体都处于全球性的相互依赖中,地理意义上的边界被逐渐淡化,私域和公域的界限也变得模糊,这带来了权力关系变迁的去中心化传播场域与传播模式,形成了全新的社会信息权力结构样态。

第三节 "以终为始"的目标设定

数字化和移动互联网时代,品牌传播主体和传播目标发生改变,品牌传播目标的内容和形式也要根据媒介、市场和用户等要素的改变而改变,"以终为始"构建数字时代的传播目标以适应竞争激烈的市场,成为企业和品牌方重点关注的领域。

本节借鉴PDCA循环理论阐释"以终为始"的目标设定与循环往复,通过每一次市场和用户的反馈及时调整和修正设定目标,在下一次循环中提出新的目标,在不断循环中逐步提升设定目标的准确度和长期可持续性。

PDCA循环是美国质量管理专家沃特·阿曼德·休哈特(Walter A. Shewhart)首先提出的,由戴明采纳、宣传,获得普及,所以又称戴明环。PDCA循环的含义是将质量管理分为四个阶段,即Plan(计划)、Do(执行)、Check(检查)和Act(处理)。在质量管理活动中,要求把各项工作按照制订计划、实施计划、检查实施效果的过程展开,然后将成功的纳入标准,不成功的留待下一循环去解决。这一工作方法是质量管理的基本方法,也是企业管理各项工作的一般规律。PDCA循环就是按照Plan(计划)、Do(执行)、Check(检查)和Act(处理)这样的顺序进行质量管理,并且循环不止地进行下去的科学程序。PDCA循环发展到现代也出现了含义上的变化。

P(Planning)——计划。计划阶段包括三小部分:目标(Goal)、实施计划(Plan)、收支预算(Budget)。计划阶段要通过市场调查、用户访问等,摸清用户对产品、企业和品牌的要求,确定品牌战略、传播目标和传播计划等。

D(Design)——设计方案和布局。在执行阶段要实施计划阶段所确定的目标内容。根据品牌战略目标进行产品设计、试制、试验及计划执行前的人员培训。

C(4C)——4C管理:Check(检查)、Communicate(沟通)、Clean(清理)、Control(控制)。检查阶段主要是在计划执行过程中或执行之后,检查执行情况,看是否符合计划的预期结果与效果。

A(2A)——Act(执行,对总结检查的结果进行处理)、Aim(按照目标要求行事,如改善、修正、提高)。处理阶段主要是检查设定目标有没有实现,完成到什么程度,影响目标达成的因素有哪些。采取相应的措施来巩固成绩,把成功的经验尽可能纳入标准,进行标准化,遗留问题则转入下一个PDCA循环去解决。

一、PDCA循环过程

PDCA循环过程如下:

(1)分析现状,发现问题。

(2)分析品牌问题中的各种影响因素。

(3)找出影响品牌问题的主要原因。

(4)针对主要原因,提出解决的措施并执行。

(5)检查执行结果是否达到了预定的目标。

(6)把成功的经验总结出来,制订相应的标准。

(7)把没有解决或新出现的问题转入下一个PDCA循环去解决。

(一)P阶段

即根据顾客的要求和组织的方针,建立必要的目标和过程。

1.选择课题、分析现状、找出问题

P阶段强调的是对现状的把握和发现问题的意识、能力,发现问题是解决问题的第一步,是分析问题的条件。

新产品设计开发所选择的课题范围是以满足市场需求为前提,以企业获利为目标的。同时也要根据企业的资源、技术等能力来确定开发方向。

课题的选择很重要,如果不进行市场调研,论证课题的可行性,就可能带来决策上的失误,有可能在投入大量人力、物力后造成设计开发的失败。比如:一个企业如果对市场发展动态信息缺少灵敏性,可能花大力气开发的新产品,在另一个企业已经是普通产品,就会造成人力、物力、财力的浪费。选择一个合理的项目课题可以减少研发的失败率,降低新产品投资的风险。选择课题时可以使用调查表、排列图、水平对比等方法,使头脑风暴能够结构化呈现较直观的信息,从而做出合理决策。

2.定目标,分析产生问题的原因

找准问题后,分析产生问题的原因至关重要,运用头脑风暴法等多种集思广益的科学方法,把导致问题的所有原因统统找出来。

明确了产品的主题后,须要设定一个产品目标,也就是规定产品所要做到的内容和达到的标准。目标可以是定性+定量的,能够用数量来表示的指标要尽可能量化,不能用数量来表示的指标也要明确。目标是用来衡量实验效果的指标,所以设定应该有依据,要通过充分的现状调查和比较来获得。例如:企业开发一种新药必须了解掌握政府部门所制定的新药审批政策和标准。制订目标时可以使用关联图、因果图来系统化地揭示各种可能之间的联系,同时使用甘特图来制订计划时间表,从而可以确定研究进度并进行有效的控制。

3.提出各种方案并确定最佳方案,区分主因和次因是有效解决问题的关键

创新并非单纯指发明创造的创新产品,还可以包括产品革新、产品改进和产品仿制等。其过程就是设立假说,然后去验证假说,目的是从影响产品特性的一些因素中去寻找出好的原料搭配、好的工艺参数搭配和工艺路线。然而现实条件中不可能把所有想到的实验方案都进行实施,所以提出各种方案后优选并确定出最佳的方案是较有效率的方法。

筛选出所需要的最佳方案,统计质量工具能够发挥较好的作用。正交试验设计法、矩阵图都是进行多方案设计中效率高、效果好的工具方法。

4.制订对策、制订计划

有了好的方案,其中的细节也不能忽视,完成好计划的内容,须要将方案步骤具体化,逐一制订对策,明确回答出方案中的"5W1H",即为什么制订该措施(Why)、达到什么目标(What)、在何处执行(Where)、由谁负责完成(Who)、什么时间完成(When)、如何完成(How)。使用过程决策程序图或流程图,方案的具体实施步骤将会得到分解。

(二)D阶段

即按照预定的计划、标准,根据已知的内外部信息,设计出具体的行动方法、方案,进行布局;再根据设计方案和布局,进行具体操作,努力实现预期目标。

产品的质量、能耗等是设计出来的,通过对企业内外部信息的利用和处理,做出设计和决策,是当代企业最重要的核心能力。设计和决策水平决定了企业的执行力。

对策制订完成后就进入了实验、验证阶段,也就是执行的阶段。在这一

阶段除了按计划和方案实施,还必须对过程进行测量,确保工作能够按计划进度实施。同时建立起数据集,收集好过程中的原始记录和数据等项目文档。

(三)C阶段

即检查执行结果是否达到了预期的目标。

"下属只做你检查的工作,不做你希望的工作。"IBM的前CEO郭士纳的这句话将检查验证、评估效果的重要性一语道破。

方案是否有效、目标是否完成,须要进行效果检查后才能得出结论。将采取的对策进行确认后,对采集到的证据进行总结分析,把完成情况同目标值进行比较,看是否达到了预定的目标。如果没有出现预期的结果,应该确认是否严格按照计划实施对策,如果是,就意味着对策失败,那就要重新进行最佳方案的确定。

(四)A阶段

A阶段是PDCA循环的关键。因为处理阶段是解决存在问题、总结经验和吸取教训的阶段。该阶段的重点在于修订标准,包括技术标准和管理制度。没有标准化和制度化,就不可能使PDCA循环向前转动。

1.标准化,固定成绩

标准化是维持企业治理现状不下滑,积累、沉淀经验的最好方法,也是企业治理水平不断提升的基础。可以这样说,标准化是企业治理系统的动力,没有标准化,企业就不会进步,甚至下滑。对已被证明的有成效的措施,要进行标准化,制订成工作标准,以便以后的执行和推广。

2.问题总结,处理遗留问题

问题不可能在一个PDCA循环中全部得到解决,遗留的问题会自动转进下一个PDCA循环,如此,周而复始,螺旋上升。

二、PDCA循环特征

PDCA循环可以使我们的思想方法和工作步骤更加条理化、系统化、图像化和科学化。它具有如下特点。

（一）大环套小环、小环保大环，推动大循环

PDCA循环作为质量管理的基本方法，不仅适用于整个工程项目，也适用于整个企业和企业内的科室、工段、班组乃至个人。各级部门根据企业的方针目标，都有自己的PDCA循环，层层循环，形成大环套小环，小环里面又套更小的环。大环是小环的母体和依据，小环是大环的分解和保证。各级部门的小环都围绕着企业的总目标朝着同一方向转动。通过循环把企业上下或工程项目的各项工作有机地联系起来，彼此协同，互相促进。

（二）不断前进、不断提高

PDCA循环就像爬楼梯一样，一个循环运转结束，生产的质量就会提高一步，然后再制定下一个循环，再运转、再提高，不断前进，不断提高。

（三）门路式上升

PDCA循环不是在同一水平上循环，每循环一次，就解决一部分问题，取得一部分成果，工作就前进一步，水平就进步一步。每通过一次PDCA循环，都要进行总结，提出新目标，再进行第二次PDCA循环，使品质治理的车轮滚滚向前。PDCA每循环一次，品质水平和治理水平均更进一步。

📚 **拓展阅读**

[1] 莱特,基顿.重塑品牌的六大法则:麦当劳是如何为品牌重注活力的[M].吕熠,译.北京:中国人民大学出版社,2010.

[2] 潘琳.社交媒体环境下品牌传播互动研究[D].上海:上海师范大学,2019.

✏️ **思考题**

1.思考当下品牌社群传播的模式有哪几种,各自的优劣势是什么。

2.选择一个品牌,思考其传播目标、传播需求、传播模式发生了什么变化,以及品牌是如何应对这些变化的。

第五章 从媒介到触点:数字时代品牌传播介质的变化

本章要点:

 1.触点延展了媒介的概念,更转变了媒介的内容、视角和语境。

 2.触点可依据颗粒度、视角、性质、功能等分为多种不同类型的触点。

 3.企业可借助用户旅程地图和触点管理系统进行触点的梳理、选择与创新。

关键词:

 触点;触点类型;用户旅程地图;触点管理系统

 随着万物互联和数字时代的到来,品牌的传播思维模式发生了转变,传播介质从"媒介"变成"触点",这意味着信息传播转变为价值传递,传播的核心从"说什么"变成"怎么说""为什么说"。品牌界关于触点,也已经形成了各种各样的方法论,本章所举例的用户旅程地图和触点管理系统不失为触点梳理、选择与创新的好方法。

案例窗:盒马鲜生的传播新触点

 盒马鲜生是阿里巴巴旗下,以数据和技术为驱动、以消费者体验为中心的新零售平台。2015年3月,一群"吃货"在上海创立了盒马,立志创造一个新事物。2016年1月,第一家盒马鲜生店——上海金桥店开业。截至2022年6月,盒马在全国27个城市拥有320

家正式运营的门店。2021年，盒马的年销售额已经达到约400亿元，销售额增长率高达185.7%，排在中国百强超市的第六位，超过了物美和家乐福。

作为阿里巴巴旗下新零售的先行者，盒马在运营上和传统的超市有所不同，它改变了20世纪的传统自助式零售，而变为了数字式服务新零售。在传统的自助式零售中，用户自己挑选商品，零售商很重要的利润来源于品牌商。品牌是自助式零售高效分销的先决条件，也正是在自助式零售中，催生出了现代的大众传媒业。而在盒马的数字式服务新零售中，超市真正是以用户体验为中心的，通过主动式零售，满足客户规模化的个性化需求。为了实现主动式零售，盒马以用户为中心，在盒马与用户的触点上，实现了众多的设计与创新。

在货架设计上，盒马抛弃了传统的"顶天立地"的货架式设计，而改用和成年人的身高持平的货架，这样有利于商品进入人的视野并方便人取放商品。最早用来吸引用户的海鲜吧里，盒马以真实的炒好的菜品，吸引用户拍照下单。盒马以帮助用户选择为出发点，设计店内的信息海报。比如，"盒马苹果口味地图"将不同类型的苹果按照甜度和脆度放在海报的不同象限里，用户可以根据自己的需求和喜好，选择不同品种的苹果。在卖火锅产品的地方，盒马按照不同的菜品设计了一张"火锅涮菜时间表"，传递信息。2018年开始，盒马上线了"溯源计划"，用户只须通过盒马App扫码查看，即可以获知生鲜农产品的清晰的全链路的动态流通信息。同时，电子价签的落地，不只方便了价格的调整，还方便了用户拿起手机进行溯源。和传统的结算台不同，盒马的结算台全部是自助式的。同时，在盒马的结算台，也没有安装监控设备，给予用户足够的信任感和体验感。在盒马的工作人员被亲切地称为"盒马同学"，在其工作服的背面印有不同的话语，比如："空有一颗减肥的心，却偏偏生了一个吃货的命……"而对于超市最重要的产品，盒马更是不断地孵化新品牌，开发时令新品，打造自营的盒马工坊产品，或者是和不同的网红企业、老字号品牌联手创造新产品。对于线上部分，盒马更是打造了30分钟送货上门、无理由退款等线上体验点。

这些触点，部分是传统超市也有的触点，盒马对其进行了升级或是创新；部分是传统超市没有的触点，盒马依其自身的新零售特性进行创造。所有这些触点，都在传递着不同的信息，丰富着用户的体验，一点一点地构建起用户对盒马的总体认知和印象。

思考题

1. 在逛盒马的时候，你能感受到的盒马触点有哪些？它们分别在传递什么样的信息？

2. 作为新零售的代表品牌，盒马的关键性战略触点有哪些？

第一节　万物皆媒介的全触点变化

媒介，是英文 media 的汉语译词，源自拉丁文 medium，意为中间。20世纪初，报纸逐渐普及，被视为宣传的一种媒介。20世纪中期以后，media 这个词被广泛地用于指称广播、电视、报纸、杂志等，也说明了传播媒介越来越多样化。大家对"媒介"的语义理解更多指向传统的四大媒介，并且在现代延续这一意义，去界定和命名了"网络媒介"和"社交媒介"等。但传统四大媒介更多是指狭义的广告媒介，即利用媒质存储和传播信息的物质工具。狭义的广告媒介包含了两方面要素：一是包容媒质所携带信息或内容的容器；二是传播信息的技术设备、组织形式或社会机制，包括通信类、广播类和网络类三大类。

而20世纪50年代以后，随着技术突飞猛进的发展，特别是传播方式的改变，媒介越来越成为社会生活和人文传播的重要载体。加拿大原创媒介理论家麦克卢汉在《理解媒介》中提出的核心观点便是："媒介是人的延伸。"媒介可以是万物，万物皆媒介，所有媒介均可以同人体器官发生某种联系。媒介无时不有，无时不在。凡是能使人与人、人与事物或事物与事物之间产生关系的物质都是广义的媒介。拉什和卢瑞的《全球文化工业——物的媒介化》提出一个全新的观点：媒介的物化和物的媒介化。例如：迪士尼不仅可以通过电影这样人们习以为常的媒介进行动画片的传播，也可以通过电影的周边产品进行文化的传播；同样，耐克运动鞋、斯沃琪手表这样的全球商品,不仅仅是以物的形式存在,其本身也变成了一种可以传播的流行文化,成为"媒介"。

站在品牌的角度而言,不论环境和媒介如何变化,其核心本质在于关系的构建、信任的达成。企业和用户之间所构建的关系维度和深度成为评价品牌核心资产的重要指标。而构建关系后要达成交易,都基于一个重要的信任指标。在不同的商业文明和场景中,信任的达成需要不同的信息媒介作为桥梁或是载体。关系和信任是本,而媒介及信息是体;关系和信任是目的,媒介及信息是手段。从这个角度看,毫无疑问,麦克卢汉和拉什、卢瑞对媒介的理解,更适用于现在这个媒体碎片化的时代和5G技术支持下的万物互联的场景,也更符合企业在构建品牌过程中对于媒介的理解。

事实上,在品牌传播理论中,"媒介"一直以来也是不断地摆脱着原有的属性,而从"关键时刻"或"关键触点"的角度来思考定义。比如,早在《品牌至尊:利用整合营销创造终极价值》一书中,作者就提出了"整合三角"的概念:营销传播传达出"言"的讯息,必须与产品和功能的"行"的讯息一致,同时也要与他人"确认"这个品牌的讯息一致。[1]作者将企业的"行"和"言"都纳入了信息媒介当中。同时,在这本书中,作者也提出了品牌接触点的意义,品牌接触点是指顾客有机会面对一个品牌讯息的情境。并且作者将品牌接触点分为人为的品牌接触点和自发的品牌接触点。同时,作者还特意批判了企业由于分工太细、预算过于功能化而不断制作讯息,如制作和播放大众媒体广告、举办促销活动等,却对自发性品牌接触点传达出有待改正的强烈负面讯息浑然不知。可见,由于品牌的商业性及关系性,企业对于媒介的意识更早是基于互动型和关系型的。而随着万物互联和数字时代的到来,品牌的传播思维模式也将彻底反转。

从"媒介"到"触点"的变化,并不仅仅是一个对媒介从狭义或广义思考的变换,也不仅仅是一个概念的变化。

一、视角的转换:由内到外转向由外到内

在传统的商业世界中,商业的逻辑在于"我生产—你购买""我宣传—你

---

① 〔美〕汤姆·邓肯、桑德拉·莫里亚蒂:《品牌至尊:利用整合营销创造终极价值》,廖宜怡译,华夏出版社2000年版,第97页。

是靶子"，而在企业内部，领导和员工基本上也是"我决策—你执行"的关系。可以说，在工业革命时代，企业或品牌基本上处于商业的核心，它们以自我为中心，从自我对用户的需求洞察出发，做出决策，构建信息，传播信息，并且从用户的反馈中去判断自我决策的准确度。

媒介也正是基于这种场景而产生的，在媒介背后，企业还是以自我为中心，视角由内到外，品牌有着居高临下的姿态，"我宣传""我传播"……但是在触点的话语中，企业和用户是平等的，双方在一个维度平等地沟通和对话，甚至用户成为传播的出发点，企业要去了解用户的特征、需求、认知模式、所在场景，在此基础上，再去思考传播的内容和形式，才可以实现更有效的沟通和传播。

这样的视角转换对企业或品牌来说，是非常困难的，也是一个挑战。但这也正是媒介和触点在意义和内涵上的一个关键差异。

二、从媒介转向情境

在传统的媒介语境中，媒介本身是单纯的，是承载信息的物理介质或者内容载体。正如美国传播学者德弗勒从广义层面建构的媒介内涵："媒介可以是任何一种用来传播人类意识的载体或一组安排有序的载体。"尽管人们对媒介的定义有所不同，但大部分情况下，媒介的定义都侧重于物质载体。同时，我们理解的媒介传播是在较为单纯的时间维度上，在什么样的时间点或什么时间段，进行信息传播。

而触点则不同，除本身的物质介质之外，其实还包含了一个更重要的意义，那便是情境。触点很难单独存在，它一定是在某个情境当中，这个情境本身就包括了时间、空间、人、任务等要素。比如：同样是"人"作为一个触点，业务员在第一次面对客户，或者第三次面对客户时，其触点的目标、意义和价值是不一样的；同样是在抖音这个信息传播平台，对于第一次来到直播间的客户和重复来的老客户，同一个触点，其意义和价值也是不同的；同样的行业，不同企业开发和创新的触点也是不同的。企业会通过添加或优化某个触点，从而达到价值差异化的目标，也可以通过减少或删除某些触点，实现价值的差异化。

立邦刷新服务是立邦漆推出的专业墙面刷新服务，不仅可以帮助消费者解决室内墙面问题，还能提供艺术漆墙刷新服务。立邦刷新服务真正让立邦实现了从销售涂料到服务涂装的跨越,传递了"不用您动手,刷新美好生活空间"的价值理念。在其具体服务过程中,立邦在众多的触点上进行了创新,比如:施工之前,会将房内的全部家具整理好,并且铺上防尘袋,这一切全都不需要用户动手;同时,立邦刷新服务小程序会每天告知用户当前的施工信息,让用户对一天的工作及服务进度一清二楚,这也是品牌和用户沟通的一个触点,而这个触点最终是为了传递出立邦刷新服务所独有的价值。

三、从信息传播转向价值传递

在传统对媒介的理解中,我们更多是从信息传播的角度来理解媒介的。这也导致今天很多人一开始做品牌,就是做广告、做宣传,没有钱便没法做。但事实上,对于品牌而言,触点更多的目的是传递价值或创造信任。信息的传播只是其最基础的一个作用。在信息传播之外,在触点上企业可以激发用户的情感,可以利用多感官来传递信息,也可以激发用户的行为,甚至可以用价值观去同理客户。而这一切,都是为了更高效地传递企业的价值。一家地板品牌,其价值定位为"专业地板",那它要做的并不是通过广告告诉消费者"我是一家很专业的地板品牌",而是可以思考:如何通过各个不同的触点,将"专业"的价值有效地传递给消费者?员工的专业度如何体现?门店的专业度如何体现?产品形象的专业度如何体现?广告内容的专业度如何体现?……用这样的基于触点的价值传递的思维取代传统的简单的媒介信息传递的思维。

四、从对信息的管理转向对"事"的管理

传统的媒介定义中,媒介是信息的载体,其更多地作用于消费者的认知和思维层面。品牌思考的是两件事:一是说什么,一是怎么说。而在触点的语境中,品牌要思考的不再只是"说什么"和"怎么说",而是最终的目标是什么。信息的目标应是说服人和影响人,达成最终的行为改变,或者说达成传受双方的关系改变。"信息即关系"要求现在的品牌结合整个情境来设计触电,考虑在这个触点情境中消费者的感受、情绪和认知。这时,品牌要关注的就不应该只是信息,而是整体的系统,这个系统用柳冠中《事理学论纲》中的理论来说,就是"事"。

"事"是"物"存在合理性的关系脉络,品牌要赋予"物"一定的意义,并在

此意义下,设计"人与人或人与物之间发生的行为互动或信息交换",这也正是触点的价值。不是简单的信息告知,而是在触点营造的场景中去设计"人与人或人与物之间发生的行为互动或信息交换"。

第二节　触点及其类型

触点是指企业和消费者之间接触的点,它是一个"真实的瞬间"。当(潜在)客户和企业或企业提供的产品、服务或者品牌有接触时,彼此间所产生的联系就是触点了。[①]不管是在购买前、购买中甚至是购买后,触点都不会消失。在《服务设计:界定·语言·工具》一书中,陈嘉嘉认为触点是用户为达到某个目的,经由某些途径与企业产生互动的点。在服务营销领域中,肖斯塔克认为接触点是消费者与服务的直接相互作用。格罗鲁斯则将接触点解释为互动部分及"真实的瞬间",这是因为每一个触点都能对顾客产生不同的影响。而在整合营销领域,触点被定义为:能够将品牌、产品类别和任何市场相关信息传递给消费者或潜在消费者的过程与经验。汤姆·邓肯直接将接触点理解为增加品牌信息的情境,整合营销的目的就是有效利用这些触点,以帮助企业建立、强化与消费者、其他利益者之间的关系。

从品牌的角度来看,做好客户触点管理,也就意味着:通过协调企业内部的各种措施,思考客户的整体触点。但客户触点庞杂,一个品牌针对客户的触点往往有上百个,依据颗粒度的不同,一些触点还可以再进行细分。要更好地认识和理解触点,对触点进行更好的分类,并明确不同的触点的意义和价值,就显得十分必要。

一般来说,触点的分类方法可以有以下几种。

一、按照用户交易流程来分

触点管理本身就要求品牌方站在用户角度思考问题,用户和企业之间

---

① 〔德〕安妮·M.舒勒:《触点管理:全新商业领域的管理策略》,宋逸伦译,中国纺织出版社2016年版。

的互动,也遵循着一定的流程。最简单的流程便是购买前—购买中—购买后。

购买前触点,更多地侧重于用户的寻找信息阶段及察觉阶段,它们在决定购买阶段扮演着重要角色,比如,今天所说的"种草",通过小红书、抖音等内容电商触点的影响,营造出品牌很火的特性,从而在用户购买前发挥作用。

购买中触点,意味着用户已经在准备购买的阶段,这个时候,用户会主动搜索店铺或者相关信息,也会主动联系企业。

购买后触点,此时,用户会进入售后、使用、重复购买,甚至是转发推荐等阶段,并且通过自身的社交媒体来影响周边的人。

随着对用户购买流程的细化,企业也可以梳理出更细化的用户触点。特别是从用户增长的角度来看,可以将用户和品牌的互动流程分为认知—接触—试用—首单—使用—复购—转发—流失八大流程。对于流程中的每一步,用户的整体感受都在推动着下一步的互动发生。梳理出每一个阶段的触点,找到流程截断的原因,从而对触点上的信息输入或刺激重新设计和创新,就显得很有必要。触点管理中最重要的工具之一"用户旅程地图"就是依据用户的购买流程进行梳理的。

二、按照企业自身的触点来分

在传统的品牌传播中,企业往往更重视电视、报纸、杂志、广播等媒介,却忽略了自身的信息载体。而在互联网时代,企业可通过自身媒介跟用户进行沟通。这也使得对触点的分类标准有所不同。

从企业运营来看,可以将企业自身的触点分为五类。

一是付费型触点:付费型触点是品牌支付费用,从而购买得来的一些触点,包括传统的一些广告,如网页广告、户外广告、植入广告、关键词搜索、朋友圈广告等。

二是自有触点:自有触点是品牌自身所占有的触点,可以是传统媒介型的,也可以不是,比如品牌网站、微博认证号、抖音官方号、微信公众号、天猫旗舰店等,也可以是企业的建筑、人员、店面等。

三是赚得型触点:赚得型触点是企业通过自身的工作和行为,从而获得的一些媒体报道、评论、用户推荐等。赚得型触点的管理要求品牌能理解媒介运行规则和激发用户转发的规则，从而更好地为自己赚得更多的触点。

四是管理型触点：管理型触点是企业在第三场所或者一些公共平台上，需要自我去管理的一些触点，比如知乎、B站、小红书等第三方的社交平台。

五是共享型触点：共享型触点是用户与其他人共享的触点平台，包括产品、电子书、专业文章、展示视频等。

不同类型的触点，要求品牌用不同的理念和方法论来对待，同时，要在整体用户体验目标的基础上，思考在特定时间段企业要优化的重点。

三、按照触点对用户的意义和价值来分

不同的触点对用户来说，有不同的意义和价值，所以，品牌要能够从价值和意义的角度去看待品牌的触点，从这个角度，我们可以将品牌触点分为以下几种。

(一)符合行业本质的战略性触点

每个行业都有一些符合行业本质的战略性价值，而承载这些价值的触点便可以看作战略性触点。比如，在运动服行业中，一个很本质的价值在于运动精神的贩卖，对于运动服品牌而言，品牌广告语就是一个很重要的触点，就如耐克的"Just do it"。再如，盒马这样的新零售品牌也意识到产品本身的丰富、稀缺是行业竞争的一个本质，所以，对于盒马而言，"产品种类"就是一个关键性触点。

(二)匹配人性规律的一些触点

人性的记忆、选择当中有一些天然的规律，使得某些触点显得更为重要。比如峰终体验，人经过某件事情之后，能记住的只有峰点和终点，所以作为峰点和终点的触点便显得特别重要。很多品牌会将最好的产品或者服务放在最后，比如迪士尼的烟花秀，足以让很多经历了白天的拥挤、昂贵物价之后的消费者获得足够的满足，"渐入佳境"总好过"日薄西山"。

(三)打造品牌差异的关键性触点

除了符合行业本质的战略性触点外，每个品牌应该有自己独特的差异化的关键性触点。比如，同样是卖咖啡，星巴克是第三空间，其门店的场景

和氛围便是一个重要的触点,而瑞幸的重要触点则放在了用户转发的各种优惠券上。

四、根据企业规模和运营管理来分

因触点的性质不同,企业的运营和管理会由不同的部门和团队来负责。根据触点的性质不同,可以将触点分为以下几种。

一是人力触点。人力触点在一些服务性的行业中至关重要。员工的能力、形象、服务在用户的信任和体验中占有很重要的作用。比如,对于某些咨询公司而言,人员几乎是其最重要的触点之一。而人力触点会涉及企业人力资源部门的工作。

二是流程触点。流程触点往往和一些服务的流程相关,比如酒店行业中的入住和退房手续、建材行业中用户的下单流程等。

三是产品触点。产品触点,顾名思义,就是品牌的产品本身或者在服务中所涉及的一些产品,如产品的创新和研发,也是一个触点。

四是文档触点。文档触点包括企业的一些宣传资料、传统的广告等,这部分往往是企业的品牌营销部和外部公司一起负责设计制作的。

五是场所触点。场所触点更多的是关注用户在一个空间和环境中的感受,比如,汽车4S店、线下门店、医院的大堂、咖啡厅等环境都是场所触点。场所也可以分为大场所和小场所,比如,对于一家瑜伽店来说,整个门店是一个大的场所,而一个小的瑜伽教室是一个更小的场所。颗粒度不同的情况下,可以思考、分析和探索不同的场所触点。

以上不同的触点会涉及企业最终在触点管理时的做功者的差异。但这些不同部门不同人员的工作最终都是为了用户共同而一致的体验服务,这也充分说明了触点会涉及企业各个不同部门的沟通协调。

除了以上触点分类,触点还可以分为直接触点和间接触点。在直接触点中,品牌员工与客户直接互动,他们可以快速地获取客户的反馈和表现,客户是满意、欣喜还是失望、难受。间接触点则不然,在间接触点中,企业是没法直接感受到用户的反馈的,这也导致了一些隐患,一方面品牌难以站在用户角度看问题,另一方面,也使得品牌对用户的反馈反应较弱。

这些不同的触点分类都是站在用户的角度,给予品牌不同的思考和启发。但面对成百上千个触点,关键的问题在于:

哪些触点最有效？

到底需要多少个触点？

品牌用什么样的流程和方法来做好触点的传播？

哪几个触点可以重新组合、创新甚至删除？

如何结合品牌当下的现状和目标去找到关键触点？

在企业不同发展阶段，随着战略目标的不同，如何选择不同的关键触点？

……

第三节　品牌触点的梳理、选择与创新

自社交媒体和移动媒体兴起以来，触点的数量爆炸式上升，形式多样而复杂。如此多的触点，品牌该以一个怎样的系统性的结构来呈现？从现有经验来看，按照用户的流程梳理触点仍是最好的方式之一，这也是触点管理中最常用的方法之一。

一、用户旅程地图

用户旅程地图是在思维设计和用户体验设计中最常用的工具之一。它展示的是用户在使用一款产品和一项服务的过程中每个阶段的触点，以及在每个触点上的体验，包括行为、感受、思考、想法等。通过图形化的方式直观地记录和整理用户每个阶段的体验，让品牌的设计参与者、决策者和执行者对用户的体验都有更为直观的印象。

虽然不同的用户旅程地图在实际使用中会有所差异，但总体而言，一张用户旅程地图至少都应该包含四个部分：

一是用户角色。品牌有不同的用户类型，在一张用户旅程地图中，只能界定一种类型的用户角色，比如老客户还是新客户，即品牌的不同细分群体用户，抑或是在同一个采购流程中不同角色的客户。不同的角色，往往有着不同的起始点、流程和触点，其对品牌的评估和感受也会不同。

二是时间线（流程阶段）。用户对品牌的感受是遵循一条时间线的，在这条时间线中,可以标注出用户的流程阶段,这样可以清晰地看出用户和品牌关系的推进、深入或是终止。

三是触点。触点是用户旅程地图当中最重要的一个要素。在用户旅程地图中,应该尽可能地按照企业的需求和能力将所有触点标注出来。一个触点的开发,往往意味着品牌意识到在这个点上的表现会影响到客户最终的感受。

四是实际的用户体验。品牌可以在用户旅程地图中尽可能地标注出目前的实际用户体验,其中,首选标注用户行为。品牌可以从用户可测量的行为中直接看到结果,从而再重新去思考和洞察行为发生的原因。而感受往往是不客观的,企业易陷入先入为主的观念。

以盒马为例,我们可以简单地梳理一下盒马门店的用户旅程地图及其触点,如图5-1所示。

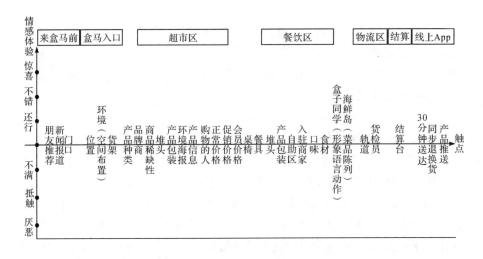

图5-1 盒马线下门店用户旅程地图

这是一个简化版的盒马门店的用户旅程地图,依据用户来盒马店的不同阶段进行了阶段的分解,并列出相应的触点。用户旅程地图的梳理看似简单,但实际并不是一件易事。特别是在触点的梳理过程中,品牌往往会陷入不少误区,比如:

第一,无法站在用户立场。很多品牌在梳理用户旅程地图和触点时,仍是站在自我的立场,而没有站在用户的立场。

第二，对触点的理解有问题，易混淆流程和触点。触点是一个品牌自身能控制的点，流程包含了触点，但流程或者说"事"本身并不是触点。品牌要能够更好地梳理出一个流程当中不同的触点。

第三，对触点的遗漏较多。很多品牌在梳理触点的过程中，很容易简化或遗漏触点，看不到的触点，往往也是品牌的工作盲点。而消费者对一个品牌的认知和理解，往往是从一个很小的细节开始的。就像我们经常说的，看一家公司，要先看其卫生间。看似不起眼的地方，却往往最易看出一个公司的管理细节。

第四，对触点的细节颗粒度把握不好。一个触点当中，往往可以再往下分出更细的颗粒。比如，工作人员会是一个品牌的触点，但对于工作人员这个触点本身，是可以再进行细分的，比如人员的外貌、人员的语言、人员的行为、人员的道具等，而人员的外貌甚至可以再分为身高、长相、发型等。那什么时候需要细分？太粗的颗粒，看不出个性，也没有意义，但太细的颗粒，又很容易增加管理的难度。对品牌而言，细节颗粒度是一个需要平衡思考的问题。

第五，易混淆触点和触点解决方案。在梳理触点的过程中，品牌还很容易出现的一个问题就是将触点和触点解决方案混淆。品牌很容易在梳理触点的过程中，想当然地将解决方案直接说出来。比如，"产品种类"和"丰富的产品种类"，"产品种类"是一个触点，但很多人往往会直接讲出"丰富的产品种类"。但消费者需要的真的是"丰富的产品种类"吗？其实是不一定的。而触点之所以能进行后面的创新，就在于其客观性，因其客观性，品牌才能给出不同方向的见解和解决方案。

第六，对触点针对的人群把握不好。人群不同，商业模式不同，用户旅程地图的起始点和触点也不相同。同样的产品，因其商业模式不同，或者是针对的人群不同，其用户旅程地图的起始点也会不同。同样是机票，是针对企业老板，还是针对企业的行政人员，其触点也会有差异。在盒马的用户旅程地图中，我们发现，小朋友特别喜欢盒马的"水族馆"。针对一般的用户，"水族馆"不一定会成为一个单一的触点，但如果是分析小朋友在盒马的体验，"水族馆"就会成为一个单一的触点。

第七，很难具备对用户的同理心。品牌在分析用户旅程地图中用户感受、情绪、行为时，一般有两种情形：一种是让用户自己填写感受，另一种是让企业的员工来分析。但是在第二种情况下，往往会存在品牌的员工难以同理用户的情形。

二、触点管理系统的六大步骤

绘制用户旅程地图是触点管理中的第一步,也是最重要的一步。但企业做好客户触点管理,需要一个完整的流程和步骤。可以将触点管理系统分为六大步骤,如图5-2所示。

第一步:掌握和用户相关的一些触点。

第二步:对用户体验有一个整体的分析和总结。

第三步:结合企业当下目标,找出关键性触点。

第四步:在关键性触点上,以终为始,设定新目标。

第五步:创新设计,找到可操作的实施方案。

第六步:考核、反馈、迭代。

图5-2 触点管理系统的六大步骤

第一步的用户触点梳理在用户旅程地图中已经有了叙述,这里就从第二步展开讨论。

第二步:对用户体验有一个整体的分析和总结。

这个步骤的重点在于跨越部门的壁垒,听取与用户相关的广泛评价,然后尽可能将其文本化,并在公司层面达成共识。其中的方式方法有很多,比如主动设立用户反馈渠道、抓取用户信息及评价、与典型用户进行沟通和访谈、聆听员工的反馈、从企业经营的数据中发现问题等。

除了要对用户旅程地图中的触点和用户体验有相对客观的描述之外,在对用户体验的整体分析中,要善于洞察,即透过表面的用户行为及其描述,洞察到用户内在的心理动机或原因,也就是为什么用户会有这样的反应。在这一过程中,品牌需要各种不同的方法和工具,去真正了解其用户。

同时,品牌还要学会分辨用户反馈是不是真实的。有时候,用户在一个触点上的反馈并不是其真实的反馈。在给某个性化定制品牌做用户体验洞察时,我们发现用户的复购率低,在对客户进行访谈的过程中,客户反馈最主要的原因是企业本身不专业。但是在实际的消费体验的过程中,我们作为旁观者,发现用户在量尺寸时,有一个刻意吸肚子的动作,这个动作并没有被服务人员关注到,再加上服务人员本身的警惕性不强,导致没有足够的服务热情。这也说明,要找到客户真正的反馈,往往是这一步骤较难的点。

第三步:结合企业当下目标,找出关键性触点。

品牌的触点多而庞杂。如何找到当下的关键性触点?除了要根据触点的意义和价值,发现触点当中的峰点、终点、战略性关键点、差异点、宣传点之外,更重要的是要根据企业的战略目标来确定关键性触点。

比如,如果是要解决企业业绩的增长问题,那么重点在于找到未来能带来品牌业绩增长的用户,并重点梳理这部分用户的触点及感受,同时,找到这部分用户的业绩增长是在哪个环节出了问题:是认知期还是试用期,是购买时还是复购时?这样才能找到激发业绩增长的可能性触点。

如果是新品牌进入市场,那么重点则在于找到可以让用户感受到差异化价值的触点,并且能够和竞争对手形成有效区隔。

如果是企业面向未来寻找具备可行性的战略机会,则要立足未来,找到用户未来可能较为关注的触点及行业未来竞争的触点。

事实上,这一步骤至关重要,用户旅程地图只是工具和方法,对品牌问题的理解和洞察是让用户旅程地图发挥作用的关键。对于企业而言,因为资源的限制,不可能在全部的触点上都进行设计和创新。只有找到解决品牌问题的关键性触点,才能真正有效。从这一角度来看,相比传统媒介将目标更多聚焦于简单的"提升知名度""强化喜爱度",触点管理对于品牌传播人员的能力要求无疑提高了很多。品牌传播人员要懂品牌,懂品牌的问题和目标,能够在企业内部协同起来,发现问题。

第四步:在关键性触点上,以终为始,设定新的目标。

在找到关键性触点后,品牌基本上已经熟知,在这一触点上,用户的体验现状是怎样的。此时该做的便是"以终为始",站在用户的角度,来重新设计和思考,在这一触点上希望用户能获得的新的体验是什么。

改变用户行为,有一个经典的法则:"如果你想改变用户行为,最重要的是要明确你希望用户的新的行为是什么。"这一法则,同样可以用于改变用户的认知、情感和态度,其核心就在于品牌能够站在用户的角度,描绘出用户的行为、认知和感受。

一个伟大的设计挑战往往都会从一个问题开始:"我们如何让客户……"

"我们如何让客户感受到我们的物料很高端?"

"我们如何让周围三千米的顾客进入盒马门店?"

"我们如何让用户一周至少下单两次盒马?"

"我们如何让医院的院长觉得我们年轻的服务人员很专业?"

"我们如何满足用户对个性化服装定制这件事的期望?"

"我们如何让喝精酿啤酒的用户走进门店?"

"我们如何让老客户更多地尝试我们的新产品?"

……

这些问题或者说目标,简单而有启发性,同时又给创新留出了足够的空间。一个好的问题,是解决问题或者创新成功的关键。

第五步:创新设计,找到可操作的实施方案。

当企业明确创新方向后,便可以脑洞大开地运用各种方法,尽可能多地想出各种解决方案。品牌可以对这些创新想法进行梳理、整理、归类,并且从投入产出比、操作可行性角度对所有的创新方案进行评估,最后选出最合适、最具可行性(注意,不是最好,往往没有最好方案)的方案。

以下一些方法可以快速有效地带来更多的创意方案。

头脑风暴法:头脑风暴法应该是目前使用最广泛的创意收集方法之一。它要求自由奔放的思考、会后评判、以量求质及见解无专利。此方法可以快速地收集最多的创意点子。

奔驰法:由美国心理学家罗伯特·艾伯尔(Robert F.Eberle)创作的检核表。这种检核表主要借七个字作为代号,代表七种改进或改变的方向,能激发人们推敲出新的构想。七种改进方向分别是代替、结合、适应、修改/放大、其他用途、去除/最小化、颠倒/重整。

速写草图法:速写草图是通过绘图的方式来表达想法,找到解决方案,并探讨各种选择。它是一种创造行为,促进概念思维的自然循环,将人们头脑中的想法具体化,然后不断激发想象力,不断循环。

创意矩阵法:创意人才往往可以将不同的元素结合在一起。而创意矩阵是这一过程的催化剂。将不同主题用行和列表示,从而在行列交叉的矩阵中快速生成各种各样的想法。

循环互检法:让一个小组的人围绕某个特定的难题进行各种非典型的思考,参与者必须要继承其他人的想法且在此基础上继续思考。这种方法的力量在于可以更好地保证客观性,因为想法是从一个人到另一个人的。

换境创意法:让人们脱离传统思维和开启创造力的最好办法就是提出下面这个问题:某某某会如何做这件事情?换境创意要求团队去研究在自己的领域之外那些成功的机构或团队是如何解决问题的。这种新颖的角度可以帮助他们发现潜在的、突破性的想法。

能够引发创意的方法和工具有很多,品牌要学会找到适合的工具,从而在触点上激发出更多的创意来。同时,结合品牌的实际情况,找到最能有效改变用户体验的、可以落地操作的方案。

第六步:考核、反馈、迭代。

一旦触点的方案得到优化和设计,便意味着这个"信息"的输入应当是可以考核和反馈的,也就意味着,企业要在这个触点上设计考核目标。

在传统的广告效果评估中,我们会用到诸如"千人成本"或者"ROI"(投资回报率)这样的指标来进行考核,但是在触点的管理中,这样的考核指标太过于宽泛。企业必须根据不同的时间目标,比如短期、中期和长期,来设定不同的考核指标。

比如,在长期的综合性的考核指标中,可以用到NPS(客户净推荐值)。NPS是美国忠诚度专家弗雷德·赖克霍德开发提出的。在弗雷德看来,企业不需要彻底的用户研究,只须问客户一个"终极问题":"您向朋友或者同事推荐我们的可能性有多大?"针对这一问题的回答是从0(完全不可能)到10(完全有可能),答问者分为三组:促进者(意愿为9—10的人)、消极满意者(意愿为7—8的人)及批判者(意愿为0—6的人)。从促进者所占的份额中减去批判者的份额,得到的结果就是净推荐值。

在一般的看法中,NPS适合领导者使用,可显示出品牌在何种程度上实现了以用户为中心。事实上,NPS也适用于单个触点上的考核,被称为触点上的NPS(TNPS)。

除了NPS外,品牌还可以以单独的客户的态度、行为和消费因子,形成ABC的客户价值模型,并在此基础上,形成相应的考核指标。比如,在态度层面,可以设置净满意度和净推荐值;在行为层面,可以设置消费频率、最近的消费价值、最近的消费金额;在认知层面,可以设置品牌知名度;等等。

但无论设置什么样的考核指标,那都不是终极目标。触点管理的核心就在于它是一个以用户为中心,不断迭代和精进的过程。企业在此过程中,也在不断地深化和拓展与用户之间的关系。

传播介质的变化,让品牌真正从"认知品牌"转向了"行为品牌"。正如马蒂·纽迈耶在《品牌翻转》中所说:"把品牌体验看作整个品牌的'分形',每一次体验都是品牌的缩影,代表着客户对公司及产品的理解。"①每一次品牌的行为、每一个触点都成为品牌的"分形",也是品牌和用户沟通的媒介。

📚 拓展阅读

[1] 纽迈耶.品牌翻转[M].邹笃双,杜静,译.北京:现代出版社,2020.

[2] 舒勒.触点管理:全新商业领域的管理策略[M].宋逸伦,译.北京:中国纺织出版社,2016.

[3] 邓肯,莫里亚蒂.品牌至尊:利用整合营销创造终极价值[M].廖宜怡,译.北京:华夏出版社,2000.

✏️ 思考题

1.选择某个品牌,思考用户与该品牌之间的触点有哪些,以及品牌应如何高效梳理触点。

2.结合上题,分析哪些是关键性触点,其关键之处在于哪里。

---

① 〔英〕马蒂·纽迈耶:《品牌翻转》,邹笃双、杜静译,现代出版社2020年版,第53页。

第六章　数字时代的品牌内容传播

本章要点：

　　1.随着体验时代的到来,内容传播也发生变化,从认知内容传播转变为全感官体验内容传播。

　　2.数字时代品牌传播从单向传播走向互动传播。

　　3.在数字技术支撑下,品牌基于用户行为进行更加精准、高效的内容传播。

关键词：

　　内容传播;品牌体验传播;品牌互动传播;行为触发

　　移动互联网和大数据所推动的商业新格局正在强力改变品牌传播的逻辑模式。万物皆媒已经来临,基于新技术基础设施的品牌内容传播已经到来。内容是品牌的起点,也是品牌的内核,品牌内容已经成为品牌建立和成长的动力引擎。内容本身会重塑品牌社区,创造新品牌并给用户带来新效能。

案例窗:故宫文创——持续的品牌内容传播力

　　故宫文创商品化经历了三个阶段:

　　第一阶段是2010年前的自发文物研发阶段,以对文物的简单复制为主。

　　第二阶段是2010—2017年的自觉文创文物研发阶段,是借助国家相关政策的尝试探索和准备阶段。

第三阶段是2017年后的主题文创发力阶段。故宫博物院在研究本馆文化历史和文物的同时，研究数千年以来中国人的生活习惯、生活方式，进行文创产品的主题研发和智慧研发，开始由规模、数量扩张阶段向注重质量、效益影响力阶段转变。

品牌内容传播力不仅指品牌内容的信息传播能力，也指产品的迭代开发、渠道创新等品牌资产的累积能力。

在产品开发上：奉旨出行车贴、"朕亦甚想你"雍正御批折扇、"朕知道了"康熙御猫、"正大光明""中正仁和"胶带、"肃静""回避"行李牌卡套、尚方宝剑中性笔、团龙团凤鼠标垫、御前侍卫手机座、帝后赐福大婚钥匙扣、"嫡庶之争"故宫彩妆系列、娃娃、手表、书签……故宫一改端庄肃穆、正襟危坐的气质，开发出众多"萌萌哒"的产品，其精良的制作与高颜值，符合年轻人的审美，一经发布就受到线上线下的火爆追捧。产品定价也充分考虑到年轻群体的需求，除去少数产品定价在万元以上，绝大多数都在百元以内。

在传播内容、方式及传播渠道上："故宫淘宝"微信公众号以幽默调侃的语气，用一种全新的互联网视角解构了600多年历史的故宫帝王、将相、后妃的故事。

2013年，故宫博物院开始研发App，推出第一款应用App"胤禛美人图"，在iPhone手机和iPad中提供下载安装服务。该App采用超清画像，保留屏风样式，画面精美细致，还配有交互设计和动画效果，用户通过指尖轻触，即可从十二幅美人屏风画像中窥探华丽的清宫美女的日常生活。App上线仅两周，下载量便超过20万次。之后，故宫陆续推出"每日故宫""掌上故宫""故宫展览"等App，依靠故宫180多万件藏品，让用户足不出户，指尖点到处就能与千百年前的文物对话、交流，感受故宫600多年悠悠历史。

2014年，"故宫淘宝"微信公众号发布一篇题为《雍正：感觉自己萌萌哒》的文章，让公众号的阅读量第一次突破10万次。文章中比着剪刀手的雍正、挤眉弄眼的康熙帝等表情包，迅速走红，"萌化"众人。馆藏画《雍正行乐图》被做成gif图片，画中的雍正帝在河边洗脚、喂猴子，旁边配文"朕……脚痒……""雍正：感觉自己萌萌哒"，一经发布便迅速引起关注，不到一个月阅读量超80万次。清新、活泼、接地气的文案赢得了年轻受众的喜爱,激发了年轻人了解故宫文化的兴趣。

2015年,随着电影《超能陆战队》的热播,故宫借势制作了一组"大白"版本的皇帝、妃嫔、护卫、格格等漫画,配文曰"只想守护你""单身"等,"萌化"一众网友。

2016年,《我在故宫修文物》在"B站"热播。此后,故宫又推出《上新了!故宫》《故宫贺岁》等文化类综艺节目,以文化内核、综艺外壳、纪录片气质的融合形式,与各大网络视频播放平台通力合作,传统媒体与新媒体组合出击,打造出"网红"故宫。

2018年,故宫博物院与腾讯动漫合作推出动漫《故宫回声》,根据真实事件改编,讲述1933年故宫文物南迁的历史事件,传播故宫人的坚韧与责任。

2019年,借元宵佳节,故宫历史上首次开放夜市供游人在"故宫过大年"。线下的这一举措立马赢得了国人尤其是年轻人的欢迎,致使"上元之夜"一票难求。

同年,借《延禧攻略》热播,故宫在线上通过微博与网友互动,在线下延禧宫门口竖起一块标志牌,并制作虚拟现实技术体验二维码。游客扫描二维码便可通过VR全景观看修缮后的宫殿。延禧宫也成为游客争相打卡之地。

2019年5月,故宫博物院与奥利奥饼干跨界合作,一片片奥利奥饼干化身为故宫的基石、城墙与宫殿,10600块饼干建起了一座"故宫",巧夺天工,制作篇幅令人震撼。故宫这种出其不意的出场方式,瞬间吸引了一群"迷弟迷妹"。

2020年庚子年,故宫出版社出版了《故宫日历》,第一个月选取与鼠有关的文物作为配图,其后每个月以紫禁城的建筑布局为线索,勾勒出一幅有血有肉、细节与历史并重的历史画卷。

"故宫淘宝"用调侃文风与各种搞笑表情搭配的形式讲述的帝王故事,极具社交媒体的传播属性。在社交媒体场景中,帝王故事只是铺垫,其真正目的是推送故事背后的相关产品,产品隐藏在传播内容之中,用户所见即所购,不经意间完成了消费。这正是"故宫淘宝"塑造的消费新场景的魅力。

"故宫淘宝"更具意义的是在内容传播中,以知识、内容和交易融合为一体来支持商业变现。"故宫淘宝"深谙社交网络传播的内容表达体系和风格,巧妙利用历史与现实、帝皇与百姓、正经与搞笑、严肃与诙谐等相对元素,重构了人们对明清历史文化的传统认知,形成了年轻化的表达方式。产品不再是功能和使用特性的表达,而是一种意义聚合。用户是因"故宫淘宝"的调性而喜欢"故宫淘宝"的产品。因此,"故宫淘宝"的内容传播中,故宫背景和文化内容真正成为有效的用户入口,而且进一步把"故宫淘宝"塑造成一种打开历史的新姿势。故宫淘宝无论卖什么,总是一种将正剧演成喜剧的生活态度,与用户达到意义上的覆盖。

故宫淘宝基于其独特内容的产品设计,持续激发的用户分享,层层递进、叠加的内容,形成了被广泛关注议论的内容,形成了不断传播的价值。

✐ 思考题

1.故宫的品牌内容和传统的品牌内容有哪些不同?

2.故宫的品牌内容打造对其他博物馆或文创产品的内容打造有何借鉴意义和价值?

第一节 从认知内容传播到全感官体验内容传播

一、体验传播时代的到来

(一)品牌体验传播的变化与概念

1.品牌内容传播的变化

传统品牌内容传播更专注于产品或服务功能、特色的传播。《体验营销》作者施密特认为,大多数品牌理论家把品牌当作公司产品的一种静态"识别符"(Identifier),其公式是Brand=ID(Identity),即品牌代表所有权和质量保证,可以用来区别于一种产品与另一种产品,以及用来区别有品牌的产品与无品牌的一般产品。对品牌识别和品牌差别的认知、品牌能够给用户带来什么样的物质或服务利益,是传统品牌内容传播的重点。品牌以单向性输出方式让用户感知到品牌的信息内容,以获得用户的认同,促使其成功买单,这是品牌内容传播的目标。

品牌体验传播除了传统的品牌功能、特色的传播外,还将用户"经历的感受过程"作为传播的关键点。用户在使用产品或享受服务过程中的实际体验,拉长了品牌内容体验的时空维度,用户以体验行为参与了品牌内容的构建,与品牌形成实时互动,并在更广泛的技术、商业与文化价值的认同中形成了对品牌的真实感受,从而主动评价、关注和转发扩散,形成对品牌内容的主动传播。

2.品牌体验传播的概念

品牌体验传播是建立在体验经济出现的基础上的,B.约瑟夫·派恩和詹姆斯·H.吉尔摩在《体验经济》一书中指出:"体验是一种创造难忘经历的活动,是企业以服务为舞台、商业为道具,围绕消费者创造出的值得回忆的活动。"

所谓品牌体验内容传播,是指品牌方设计出让用户可以通过产品或服务直接接触、使用和参与的品牌体验过程,在过程中充分刺激并积极调动用户的感官、认知、情感、关联及价值等因素,以引发用户自我思考,重新定义该品牌,并在参与中获得意义上的满足,主动进行与该品牌相关的信息认同和传播。

(二)品牌体验传播缘何盛行

1."体验效用"触发"体验经济"的出现,改变了传统经济模式

传统经济学理论认为,性价比是影响消费者的最重要因素。消费者去市场购物,会根据自身的收入总量去比较不同物品的性价比,然后进行最优权衡。

但在实际生活中,购物有时并不是这样的。一是如果消费者和品牌之间建立了信任,并且基于信任建立了长期合作关系,消费者就能够有效地节约产品或服务的筛选成本,以及讨价还价的谈判成本,从而使双方的市场交易成本得以大幅度节约。二是从长期来看,这种基于认同形成的信任、基于信任形成的长期合作关系的交易,会让买卖双方都身心愉悦,大幅度提升效

用。这种效用被诺贝尔经济学奖得主丹尼尔·卡尼曼称作"体验效用"。

体验效用描述了一种新的经济模式,即"体验经济",现在逐渐成为一种独立的经济形态,正在改造传统的经济模式。

2.互联网海量信息让用户陷入了选择恐惧,情感愉悦成为购物目的

按照传统经济学理论,只要市场给予充分的选择,消费者的选择就能推动交易的形成。

但是随着商品经济的飞速发展,产品和服务成千上万地出现,对消费者来讲,选择过多变成了一种负担。特别是到了互联网大数据时代,信息海量产生,信息冗余,用户受认知的局限,没有能力去比较选择如此众多的品牌信息和产品。而且产品和服务的同质化出现,以及用户对冗余信息的认知偏见,使得通过关注所有选项并进行充分计算的性价比机制不再有效。而算法等技术所显示出来的推荐信息内容和排序因轻量、伴随、便捷、明了,有效地影响了消费者的选择行为。用户购物中理性逐渐让渡于感性,以克服同质化、海量信息带来的购物选择的困难。只有当信息适度时,用户在整个消费过程中获得愉悦体验,才会做出选择行动。

3.技术改变用户心智,意义和价值成为用户的新追求

大数据、社交网络、物联网等一系列技术和应用,不仅改变了所有的产业模式,让商业的价值范式发生了转移,也完全改变了消费精神和用户行为。在当下,简单的功能性产品或服务已经不能满足用户需求,用户追求的是建立与物(品牌产品或服务)的情感链接及互动,以获得群体间的共情的满足。

一是情感链接成为新偏好。情感因素会让用户更关注市场交易过程中的非货币因素,比如信用、情义、共享、合作等。情感因素影响用户的认知,进而影响用户判断决策,充满人情味、人格化的交易更容易形成长期信任的合作关系,粉圈、IP的商业模式的关键就是情感因素。

二是赋予意义与秩序的符号构成了人的本质,成为用户的新追求。消费升级的本质是用户心智的升级。智能设备、社交网络、移动设备等都在改变技术和人的关系,促使人本身的进化。全新商业场景下的用户与传统观念上的消费者完全不同,用户参与品牌消费和生产的过程,实现的是对权力公平感的满足;用户通过对品牌内容的分享、评价,实现的是对品牌价值观的认同、共鸣和信赖。用户在充分体验品牌整个消费过程中,获得巨大的愉悦,沉淀为行为和生活方式,实现对生存意义的升级。

（三）体验传播带来品牌传播的变化

品牌体验传播逐步被品牌构建者接受，也被用户接受，带来了品牌传播的不同模式。

传统的品牌传播模式：

$$品牌 \xleftarrow[\text{弱反馈}]{\text{广告为主}} 受众$$

数字时代的品牌传播模式：

$$品牌 \xleftarrow[\text{强反馈}]{\text{内容为王}} 目标用户 \longrightarrow 潜在用户$$

（1）品牌传播的主体由品牌方向双主体转变，即品牌方和受众都可以成为传播的主体，"人人皆媒介"。

（2）客户体验、个性创意、情感共鸣、身份认同、文化认同和人格价值相关性内容成为最重要的传播内容力。

（3）用户影响用户的口碑、社群、KOL（Key Opindon Leader，关键意见领袖）、KOC（Key Opinion Consumer，关键意见消费者）和素人都会成为品牌重要的传播渠道。

（4）品牌信息反馈由单一、量少向快速、大量、精准、深度变化，而且是在品牌设计、生产、消费、使用体验、售后的全过程中形成反馈。

（5）随时随地碎片化娱乐、场景化体验、社交需求认同成为重要的传播方式。

（6）数字渠道的精准传播成为重要的传播手段，品牌传播由泛型传播向精准传播转变。

二、数字时代品牌体验传播的特点

（一）全链路传播

《体验经济》一书的作者曾把体验经济与传统经济形态进行对比，如表

6-1所示。

表6-1　从产品到体验：经济形态区分

经济提供物（Economic offering）	产品	商品	服务	体验
经济	农业	工业	服务	体验
经济功能	采掘提炼	制造	传递	舞台展示
提供物的性质	可替换的	有形的	无形的	难忘的
关键属性	自然的	标准化的	定制的	个性化的
供给方法	大批存储	生产后库存	按需求提供	在一段时期之后披露
卖方	贸易商	制造商	提供者	展示者
买方	市场	用户	客户	客人
需求要素	特点	特色	利益	突出感受

（资料来源：B.约瑟夫·派恩、詹姆斯·H.吉尔摩《体验经济》，机械工业出版社2016年版。）

从中可以看出，体验经济的核心是人的体验感受，是一个人在与品牌产品或服务的接触中达到身体、情绪、精神上的某一特定的期待水平时，在意识中产生的一种美好或不好的感觉。感觉伴随着用户的一切接触点：售前、售中、售后，线上、线下等全链路的所有环节。这些触点所包含的常见的如品牌名称、包装、形象、广告语、使用场景、购买方式、渠道及品牌周边等都可以成为传播内容。

在体验经济下，用户的感觉或者说精神上与品牌的触点成为关键的传播内容。用户体验过程中的每一个触点——感知、情绪、意义和价值、信仰、社交货币、信任资产等全部会成为品牌和用户的连接点，形成了产品即体验、体验即内容、内容即传播的品牌内容体系。全链路各节点的体验内容在持续累积下被用户无意、品牌方有意地放大、分享、裂变成有效应的品牌传播。

（二）共情传播

人的体验是共情和个性交织的过程。共情是一种在人际互动过程中出现的心理状态，最早是由美国人本主义心理学家罗杰斯提出的。共情是一种能够感知和体验他人世界的能力，包括认知和情感两大要素。认知是认识对方观点并产生理解情绪的过程，情感是在认知基础上与他人情感及行为相互作用而产生兴趣、分享感悟的状态。

人类的情感是复杂而细腻的。一是人的感受是个性化的,在人与人之间、体验与体验之间有着本质的区别,没有哪两个人能够得到完全相同的体验经历;二是任何一次体验都会给体验者打上深刻的烙印,都会让体验者回味无穷,对体验的回忆超越体验本身;三是观看欣赏他人的情感起伏,即是人类拓展丰富自我情感甚至是满足某种快感的需求。

基于人的共情与体验的个性特征,在社交网络技术下,品牌内容引发品牌与用户之间、用户与用户之间的共情,在认知上达成共识,在情感上与对方分享自己的真实感受并理解对方的感受,引起或围观或参与的情绪共振,比起硬性的品牌内容推广更能提升品牌传播的影响力。

(三)随时传播

在传统商业时代,人对物的感官是被忽视的,产品往往过于突出功能属性而无法进入用户的精神层面。在新消费形态下,人不缺乏物,需要的是有血有肉、随时交互、互相倾听、抱怨诉说、抱团取暖、兴趣相同、"三观一致"的情感满足。在大数据、云计算、移动互联网的技术下,人与人之间的沟通变得畅通无阻,可以随时随地地连接沟通、分享互动,这不仅满足了人的情感需求,也成为人们彰显自我身份的主要社会活动。

在技术加持下,当下用户的触点体验感无论是好的还是坏的,都可以在瞬间"爆棚"。用户个人的身心体智会在品牌全链路的各个节点中与品牌内容发生互动。全链路的触点映像,随时可以更充分刺激并积极调动用户的感官、情感、行动、价值、关联等感性和理性因素。用户将其对品牌的"接触""使用"和"参与"的感受,形成具有自身经验的口碑进行瞬间、二次或深度传播,用自己的思考方式重新定义品牌,显示卷入的人格连接力量,获得情感精神的满足。

三、数字时代品牌体验传播的方法

(一)在传播内容上,做到"一切商业皆内容"

品牌体验传播最根本的目的是引发品牌和用户、用户和用户之间的共鸣。能够产生共鸣的信息涉及目标用户在整个体验过程中产生的需要、欲望、痛点、价值观、文化追求等,凡是与品牌有关的都可以是品牌传播内容。

(二)多元内容组合,相互渗透,形成新价值的自传播

Monocle 原来是一本针对整天忙于转机飞行的商务机舱人士的创意与生活美学、优质城市评价的杂志。在互联网移动技术冲击下,纸质杂志步履维艰。但创始人泰勒·布鲁尔坚持初衷:一是坚持用传统的订阅和报摊方式售卖;二是坚持以精美印刷的纸质媒介为主、以网络媒介为辅;三是坚持通过电台节目推广和销售产品;四是在中国香港、日本、洛杉矶、伦敦开设同名商店,销售杂志和商务精品;五是自设网络电台 Monocle24,即时报道最新资讯和深入探讨有关旅游、美食、音乐、设计、文化、投资等话题。其借助杂志、商店、电台、资讯、评选、论坛、联名设计等,在品牌构建过程中跳出了简单的功能竞争,通过不同形式的内容载体和跨界连接、多元的内容组合输出,最终指向"有格调的生活方式美学家"的定位。用户与品牌在价值意义、文化层面的共鸣、共创中伴随成长,并且形成自传播。

据说每一个自诩懂得生活的人,都会在家里摆上 *Monocle*,他们与圈内朋友交流的内容是围绕在 Monocle24 上听到的话题展开的,出差或旅游途中必去有 *Monocle* 的商店打卡。*Monocle* 成为一种情绪的流连、一种生活的意义,自然而然成为一种交流传播的内容。

(三)持续内容设计,在动态流程中完成用户自联想、自传播

用户是在动态过程中逐渐形成对品牌价值和意义的认同的。在体验过程中,用户不断被心理唤起、产生情感投射,并在情绪的流动中赋予品牌内容更具个性意志的表达。互联网健身品牌 Keep,初期选择了 600 多个优质的运动课程视频作为产品内容,创造了 289 天就破千万用户的奇迹;此后以视频内容引导用户打卡、分享建立社交平台,用"埋雷计划"锁定近百个垂直社区,连载专业的健身经验帖子,以这些帖子培养了第一批"铁粉",在 SEO(搜索引擎优化)上得到了很高的曝光资源位,发酵口碑获取新客;为保持内容吸引力,Keep 开始整合优质内容创造传播点,如《花儿与少年》走红时,Keep 推送陈意涵的文案阅读量破 150 万次,《快乐大本营》上朱亚文推荐Keep,15 秒带来上百万名用户。Keep 基于运动内容的持续创新,促成用户的互动、晒单与分享。

通过持续动态的内容设计,内容与内容之间的叠加,在有了一定的市场

流量后,品牌具备了议论价值和传播价值。而用户的心智确认后,对品牌和体验内容的持续分享,形成了自传播,反过来形成了品牌壁垒,在品牌动态成长中传播品牌。

(四)在传播思维上,让技术加持内容传播

品牌原有内容在数字技术的加持下,构成新场景,成为传播的新内容。巴黎画廊展出了用户用手机自拍抓拍后实时上传、实时更新的画面;大英博物馆设置了VR展览;故宫展示数字化《千里江山图》;西南偏南互动大会将传统的音乐和数字代码编程结合,打造了一场音乐和科技的盛会……技术介入使传播有了新的内容话语,而人类在认知和情感层面的每一次被刺激、被震撼中,通过自述完成了情绪传播。

(五)在传播技巧上,放大体验各环节的传播连接

用户体验品牌产品或服务,简单来讲可分为接触、感触和行动三个过程。在互联网状态下,接触、感触和行动三个过程中会产生很多与用户体验有关的场景,很多可以直接与消费者对接的体验接触点,让用户产生感官体验、浏览体验、交互体验、分享体验、信任体验、意义体验、共鸣体验等。用户是体验传播持续创造价值的基础,持续创造有价值的传播连接,可以提升传播力。

一是超预期设计,放大优化用户体验环节,形成传播势能。精准推送信息,创造超越用户预期的产品或服务体验,设计一个令人感动的细节,策划一个热点事件,如新世相的“4小时后逃离北上广”“丢书大作战”等,将在接触、感触和行动各个环节中滋生出无限的可传播内容。

二是设计一个细节一个触点的情绪接口,形成传播势能。每一次精心设计的细节、触点、事件、故事、口碑都应该从品牌内容本身超越出来而成为用户情绪的出口,一次次个体需求的被理解、一次次群体心理的共振,才使内容具备被“引爆”的可能。从用户的角度去挖掘、设计持续的超预期体验,将创造力、传播力和影响力融合,层层发力,形成更强大的内容力。

第二节　从单向传播到互动传播

一、数字时代品牌由传播走向沟通

(一)品牌互动传播的概念

品牌互动传播是指品牌方与用户及品牌传播主体之间相互交流信息并且有效沟通的活动过程。

品牌互动传播的核心是吸引用户参与,并借参与产生互动,让用户真正成为品牌的构建者之一,从而促使用户接受品牌所传递的信息,并产生转化行为,这体现了品牌主体地位的转向。

品牌互动传播强调的是品牌方和用户间交互式传播和相向推动,改变了传统品牌传播中品牌对用户的单向传播与推动,体现了品牌构建由"销售导向"走向"关系导向"的变迁。

品牌互动传播使用户积极参与品牌构建的全过程,缩短了品牌与用户之间的心理距离,用户的平等权利得到极大的尊重。通过互动,品牌能快速及时理解用户的个性化需求和差异化消费行为,最大限度地提高用户对品牌的满意度;可以预测用户对品牌未来需求的趋势,尽可能地减少品牌方"沉没成本"的产生,赢得未来。

(二)品牌互动传播出现的原因

1.时代不同,品牌构建的商业逻辑不同

互联网数字时代,品牌的内涵和打造品牌的方法发生了根本的变化。

传统品牌时代,是"品牌即品质""品牌是品位"的阶段。品牌最重要的内涵是两个:一是品质或质量,二是彰显个人身份和生活方式。

互联网数字时代,是"品牌即个性""品牌是体验"的阶段。品牌最重要的内涵是体验的差异化感受。

移动数字时代,是"品牌即关系""品牌是场景"的阶段。品牌的社交和娱乐属性变强、商业属性变弱。品牌承担了导购、顾问和伙伴的职能,品牌最重要的内涵是深度人格化和与用户建立深度情感关联。

智能化时代,是"品牌即连接""品牌是沉浸"的阶段。万物互联下,物理世界和虚拟世界的边界将被完全打通,智能技术深度嵌入用户生活的全部场景,设计并优化用户需求,开启沉浸式品牌体验。品牌最重要的内涵是实现用户和品牌的意义融合。

2.消费场景不同,品牌传播的职能不同

传统品牌时代是"媒体稀缺,注意力过剩",而数字时代是"媒体过剩,注意力稀缺",因此,不同时期、品牌传播的职能也不同。

传统品牌时代的购物场景在线下,品牌传播的关键职能是建立用户对品牌的认知和记忆,把品牌刻在消费者的"心智"中。因此品牌传播中有关品牌的定位、独特卖点、"语言钉"、"视觉锤"、大众媒体等都发挥了不可替代的作用。品牌传播是记忆传播,用"品牌即广告"的方式打造品牌知名度。

互联网、移动互联网和数字时代的购物场景主要在线上,品牌传播的关键职能是建立用户与品牌的情绪和意义的感知连接,把品牌从抽象概念和零星接触变为真实存在和频繁感知体验,把用户对品牌的"认知记忆"过渡到"接触体验""互动分享"。因此品牌传播中场景、接触、情感、意义、人格化和社交媒体、连接、分享显示出无限的推动力。品牌传播是连接互动传播,用"品牌即体验""品牌即互动""品牌即情感"的方式打造品牌意义连接。

3.媒介技术不同,品牌传播的渠道作用不同

传统品牌时代,品牌的传播渠道主要是大众传播媒介,品牌信息是单向传播,信息内容量受版面、时间限制,消费者被动接受品牌信息,对品牌信息的反馈迟缓而间接且不可逆,无法与品牌方深入交流互动,也无法了解其他消费者的反馈信息并进行交流互动。

互联网大数据时代,品牌的传播渠道转移到网上或移动端,品牌信息内容海量,用户可以随时随地主动查询希望看到的信息内容,随着算法、机器学习等技术的应用,信息可以被精准推送,免除了用户对信息的无效选择;用户可以用评价、跟帖随时随地反馈对品牌的体验感受,这些感受评价和跟帖可以随时随地删除与修改,互动交流是可逆的;互动交流的方式多样,如分享、评价、直播、弹幕等,品牌和用户、用户和用户都可以随地、即时、有针对性地互动交流,实现品牌信息传播与反馈的双向互动。

(三)品牌互动传播带来的品牌传播新动向

1.品牌传播观念从传播到沟通

传统媒体时代,品牌与消费者的关系是一种直线性的垂直关系,品牌方处于品牌建构的顶端,对品牌进行定位、形象包装,塑造品牌调性,传播信息给消费者,影响消费者决策和购买。自上而下的垂直设计、持续不断的一致性的传播渗透,累积起对消费者的品牌影响力。

在互联网数字时代,品牌信息由过去品牌传播给用户转变为品牌与用户进行沟通。品牌方通过社会化媒体平台传播品牌信息,品牌方与用户之间传受合一,二者都是品牌信息的创造者和接受者,品牌权威地位被不断削减,而用户的地位被不断提升。用户借助于新媒介技术,可以超时空随时随地主动对品牌内容进行反馈、分享甚至共创,也可以实现与其他用户的双向互动及交流沟通。品牌沟通成为一种新的品牌传播观念。

2.品牌传播模式从单向到互动

传统品牌传播模式是单向的,品牌信息由品牌方垂直单向性地传播,消费者被动地接受品牌信息,难以反馈,互动有限。

互联网数字时代,由于社会化媒体的出现,品牌传播变成了互动传播模式。品牌和用户都成为信息发布者和接受者,品牌和用户、用户和用户之间超越媒介,形成了分享、互动、交融的沟通模式。用户可以即时自发分享、评价和创作与品牌相关的信息,并且可以与其他用户进行意见交流、互相感染影响,通过互动品牌信息内容形成强大的口碑场,继而再影响更多的用户。互动促进连接,连接形成黏性,品牌在互动传播模式中不断形成新的影响意义。

3.品牌传播内容从单一到无处不在

品牌传播内容不再像传统媒体时代那样单一,总是围绕品牌形象、定位等灌输型的千篇一律的内容。大数据技术带来的算法、机器学习将品牌内容精准推送给用户,在品牌传播内容上,个性化内容成为标配,持续差异化内容成为品牌递进的阶梯,品牌与人格融合的内容成为新追求。品牌内容传播贯穿在品牌构建的各环节中,内容更加富有叠加性和层次感。

二、数字时代品牌互动传播的特点

品牌互动传播在数字化语境下具备以下新特点。

（一）数字技术是品牌互动传播的基础

数字技术成为品牌整个互动传播活动过程的重要组成部分。品牌传播的互动形式不断变化，如点赞、推荐、算法自动生成、行为轨迹等，丰富的互动形式推动了品牌传播创意的升级。2014年，作为中华传统文化代表的故宫利用社会化媒体进行品牌推广。当时"故宫淘宝"微信公众号的一篇《雍正：感觉自己萌萌哒》，迅速成为阅读量"10万＋"爆文，雍正皇帝也借此成为热门"网红"；2015年，利用数字虚拟技术，故宫的端门被改造成"端门数字馆"，为用户提供沉浸式立体虚拟环境，游客能够"参观"许多以前不能进入的宫殿，也能利用虚拟现实技术试穿帝后服装、把玩宝物；2016年，故宫博物院在微信H5小程序上打造小游戏《穿越故宫来看你》……数字技术为故宫品牌传播打造了很多的创意，形成独有的IP，用户在传播过程中沉浸式体验，双向式细节互动，真心感受到文化震撼后自觉赞叹、转发，最终从被动接受变为主动参与品牌传播。故宫品牌最终以意义融合为目标，以专业、多元、数字化方式传播了故宫传统优质品牌文化。

至于人工智能技术，在品牌传播上的应用不仅体现在程序化购买广告、实时竞价、流量数据分析等方面，而且在用户洞察、智能创作、智能投放和智能反馈方面提高了品牌传播的效率，更主要的是使品牌传播可以直接购买"受众资源"，而不是媒体资源，实现了品牌与用户互动中根据用户需求灵活设置投放定向的方式。

借助于云计算技术，品牌方能够获取充足的算力对用户大数据进行深度挖掘，通过内容识别提取关键要素，进行聚合，形成具有代表性的用户标签，与品牌内容、场景等进行精准匹配，提高品牌信息接收效率、个性化内容互动，实现品牌与用户的情感连接。大数据智能化技术成为品牌互动传播的基础。

（二）社群连接是品牌互动传播的关键

在互联网技术产生之前，人与人的连接是建立在血缘、社会交往的基础上的,这之间的关系虽然牢固,但会受时间、地理、人际范围等的限制,在关系的数量上显得不足。互联网大数据解决了人际连接的问题,使人从较为封闭的人际世界走向了虚拟网络提供的大世界,极大地拓展了人际社交半径。人们在虚拟世界中交流兴趣爱好、分享经历体验、抒发情感、展现个性、寻求价值认同,分散的个体逐渐走向了聚合,形成了社群。每一次每一个节点的连接,都是一种关系的建构,促成了人与人、人与物、物与物之间的新型关系的形成。在数字化大背景下,品牌与用户的关系也由此发生了巨大的改变,不再是自上而下的灌输式记忆传播,而是互动式的平等沟通,是在情绪感动和价值认同上的共鸣共建。

因此,品牌互动传播中的品牌社群连接意义重大。当然,社群连接只是品牌聚合传播受众的基础,最终实现品牌影响用户心智的一定是情感和信任体系的构建。美国社会学家兰德尔·柯林斯就说过,在互动仪式链中"共同的关注焦点"会形成共同的话题内容,引起共同关注。内容是社群的入口,有趣有价值的内容才能吸引眼球并引发情感共鸣,才会引发品牌与用户、用户与用户的连接影响。

品牌与用户、用户与用户之间的情感和信任的建立是一个长期累积和动态变化的过程,此一时彼一时,一般来讲沿着"技术连接—情感连接—情感依恋—信任建立"的轨迹展开。因此品牌互动传播是一个持续互动的传播过程,吸引用户、留住用户、增强用户黏性,发挥用户自组织、自传播的效用才是终极传播目标。

(三)用户自传播是品牌互动传播效率的保障

数字化和用户互动方式的变化导致了品牌沟通需求的变化。品牌互动传播中的用户是主动的,充满好奇,常常"趴"在网上,频繁查看社交媒体,不希望错过任何一个热点;用户有强烈的社交需求,喜欢在群体行动中彰显个性,点赞数、粉丝量、转发量和阅读量是在线社交中自我肯定的来源,是进一步创作和传播的动力;用户需要强烈的价值共鸣和个性彰显,化妆品、服装、健身、营养搭配、旅游等生活的点滴被用户分享在网络上,在每个购买决策过程中体现的价值观都能传播出去,在网上产生共鸣,产生"回音壁"效应;用户希望被品牌方视为VIP,希望得到超值产品和更多优质的差异化服务,比如同能低价、无须等待、个性化优惠、特殊事件交付和服务设置等没有限制的超期待。

用户主动与品牌建立情感关系,意味着用户意识的觉醒。用户积极主动地与品牌内容互动、分享和共创品牌内容,用户口碑传播产生巨大的影响力。品牌方不再是唯一的品牌内容传播者,用户通过分享产品和服务体验、网络搜索和对话交流重新定义品牌。用户不再只是传播的终点,而是品牌信息接收的一个节点,也是品牌信息制造和传播的起点和中点,用户自组织、再生产、自传播,与品牌形成良性互动。

(四)即时性是品牌互动传播的魅力所在

互联网技术支持了品牌互动传播中的即时性。品牌内容发布后,用户可以借助于社会化媒体即时与品牌内容进行互动,或赞或贬、或奖或惩,都会在网络上放大传播;在用户反馈情绪和态度后,品牌方也可以即时收到用户互动的数据,点赞评论、转发分享、关注屏蔽等数据都可以直接在后台看到,并通过专业的统计软件进行统计分析,传播效果直观可见;用户与用户之间对品牌产品使用后的体验交流也是即时进行的,甚至在产品或服务的决策过程、体验过程中进行交流,形成或正或反的舆论能量。

但是,互动传播过程的即时性充满情绪宣泄的力量,有时候用户在第一时间对品牌不假思索的直接吐槽,会掀起网络浪潮,让品牌一夜爆红或一夕崩塌,让品牌方措手不及。互动不是品牌方提前规划好的,是用户在看到品牌内容或使用品牌产品和服务后的自主反馈,用户具有"生杀大权",品牌方丧失了直接控制用户与品牌、用户与用户之间互动内容和走向的权力。即时性互动性内容的不确定性带来的是不可预见性,因未知而充满着"看点"和期待点,满足了当下用户的"吃瓜"心理,但也成为品牌方在互动品牌传播中的痛点。

三、数字时代品牌互动传播增效的方法

(一)建立以用户为中心的品牌互动连接

品牌要成为凝聚用户的平台。互联网大数据时代,用户价值越来越重要,品牌与用户的关系变成了共创伙伴的关系。品牌方不再是品牌塑造的唯一中心,不能再居高临下地发布传播自己想要传播的内容,而是要以用户为中心,成为建立品牌连接的平台。通过对核心用户、意见领袖、超级IP等的打造,凝聚成一个品牌传播的中心,创造用户参与的机会。这可以是在产

品设计研发和生产阶段,也可以是在品牌营销、口碑营销的阶段。参与行为给用户带来了满足感和效能感,用户会报以热忱并贡献智慧,主动为品牌背书站位,发挥出巨大的聚合力,这比品牌以自我为中心的自言自语和"自嗨"更有影响力。

(二)建立基于共同兴趣和价值观的互动内容

社会认同理论认为,社会认同是由类化、认同、比较建立起来的。由于存在来自群体成员身份或资格的认同,人们会努力追求或保持一种积极的社会认同,以此来增强自尊,这种积极的社会认同主要来自内群体与相关外群体之间进行的有力比较。如果没有获得满意的社会认同,人们就会试图离开他们所属的群体或想办法实现积极的区分。品牌在深入洞悉用户需求后,要与用户建立明确的价值认同,打造独特的人格。品牌的差异化魅力人格得到用户的认同,才能吸引用户,保持全面渗透,使用户获得持续的感动,并进行自主传播扩散。

品牌人格内核融入的内容传播,个性化、定制化的精准内容推送传播,亚文化、细分圈层、多元化内容的唤醒传播,以及用户对异质性信息的需求、对多元生理心理的需求、内在更深层次的多节点的情感内容等都可以成为品牌互动传播内容。

(三)完善互动传播环节的参与协作、持续共享机制

推动内容扩散,打造网络口碑,创造内容蜂鸣效应是品牌互动传播的主要目标。品牌互动传播作为一种人际传播,激发用户与品牌、用户与用户之间的共情,彼此理解认同,进而彼此信任,推动用户的自组织、自传播,实现品牌传播。

制造事件围观,邀请用户共创,是吸引用户的一种方法。品牌事件内容传播会波及并使用户产生情绪感受,会诱发用户围观的兴趣。

制造事件参与,让用户直接参与品牌事件,在直接的对话、交流与行动等互动中产生切身性和临场感,从而带来深刻的情感体验。沉浸式的情感体验是品牌与用户互动的重要机制,为情绪创造共享的空间和时间,推动用户在互动中共享情绪并互相认可。

搭建适配场景,精准匹配用户的日常生活行为和习惯,形成情感共鸣,来激发用户创作的灵感和传播的内容,提升品牌情感附加值。

加入分享元素,帮助用户赢得社交"货币",在互动分享中扩大品牌传播范围和影响力。用户在接受品牌信息内容时也希望完成分享的诉求。品牌可以在互动传播中设计一些能够引发分享和参与行为的元素,引发用户的兴趣、好感以增加品牌内容的曝光力度。

第三节　基于行为触发的内容传播

一、厘清行为触发的几个相关概念

(一)MarTech缘起及应用影响

MarTech是Marketing(营销)、Technology(技术)与Management(管理)三个英文单词连在一起组合成的新单词,是美国营销科技之父Scott Brinker在2008年提出的一个概念。MarTech简单地说就是技术对营销的赋能,即营销人员通过数据等技术手段解决企业的营销问题。

MarTech作为技术赋能营销的方法,使用的技术和服务的范围非常广,如直接服务广告部门的广告技术AdTech,服务销售部门的销售技术SalesTech,电商建站工具Shopify、Magento,电子合同技术DocuSign,呼叫中心技术Zendesk,云通信技术Twilio,视频会议技术Zoom、腾讯会议室、钉钉,RPA技术UiPath,协同办公技术Slack、Trello、Snowflake等,都在广义的MarTech范畴里。

根据Scott Brinker的定义,MarTech包含两种功能。

一是对内功能:通过数据等技术手段管理企业内部的营销资源和合作方,如数据库、产品、定价、分销渠道等,包括服务于市场的硬件、软件、平台及服务,以区别于传统的以人力为主的营销方式。

二是对外功能:通过数据等技术手段影响客户的购买决策。

Scott Brinker在2020年最新发布的MarTech生态全景图(MarTech Landscape 2020)中,将MarTech划分为广告与促销、内容与体验、社交和关系营销、商务和销售、数据、管理六大模块。从数据、技术应用于营销的角度,可以看到MarTech应用场景基本上对应的是市场管理、广告触达、数据根基、客户运营、内容管理等类别。

普通人会看到和体验到这样的情景:当在休闲无聊刷着资讯时,近期曾感兴趣过的广告短信会精准地发送到我们的手机上;当最近太忙忘记在夏天高温来临前购买防晒护肤品时,品牌公众号会及时发文展示新防晒品,比你自己都关心你;当在电商平台的购物车前犹豫不决时,打折促销优惠券会及时跳入你眼前;当打开饿了么App犹豫不知吃什么时,大多数人的购买推荐已呈现在首页贴心地供你参考……

上述种种"看穿你"的情景正是数据、技术赋能营销后的结果:

因为广告主通过数据分析洞察了我们的核心需求,而实现精准触达;

因为数据根基下,小程序等进行充分数据埋点,承担用户行为的探针作用,洞察到了我们在线上空间中的一举一动,辨认出我们是沉默用户,而自动实行了"唤醒"动作;

因为品牌营销的自动化工具察觉到了我们对价格的敏感,而自动推送优惠券希望能促使我们快速下单;

因为数据仓库(数据中台、数据湖)、人工智能与机器学习算法的引入,品牌根据我们的浏览习惯自动整合我们感兴趣的品类,用个性化引擎为我们提供专属内容与体验,帮助我们做出"最正确"的选择。

数据、技术赋能营销,带来的营销变化不仅体现在市场组织、任务成本、效率等市场管理上,更体现在利用数据根基分析用户需求、行为、内容并个性精准匹配、多形式灵活触达等用户技术管理效率的应用上。数据、技术创造了营销的自动化,也创造了商业增长,这正是MarTech的价值所在。

(二)行为触发营销

1.概念

行为触发营销是数字时代营销自动化的一种新方法。

所谓行为触发营销是指通过用户在数字旅程中各个触点上的行为互动,营销自动化工具会生成并发送个性化的营销信息内容。

作为一种自动化营销方法,行为触发营销的触发因素包括可测量的用户行为变化和特定事件变化。如:用户将一件商品加入购物车却迟迟没有完成支付时,品牌会自动发送"你关注的宝贝降价了"的提示,并可能通过发放优惠券来促成快速转化;当用户购买装修材料后,会及时接收到家电、家居、软装等相关的活动信息；当天气预报显示最近有持续高温天气时，防晒护肤品、防晒衣帽等的优惠信息会自动化触达用户。

行为触发营销借助于数字化自动化营销工具，打通了品牌方数据，建立了识别—分类—追踪—优化—执行的行为触达流程。

识别：品牌利用工具，识别用户数字旅程中的关键行为，如用户想买防晒护肤品，根据用户的搜索浏览数据自动生成。

分类：判断用户触发因素与品牌业务的相关性，以行为的轻重缓急为标准进行分类，以此来确定该行为对用户是否重要，如用户浏览某商品的频率很高且已将之放入购物车。

追踪：设置启动一个特定活动路径所需满足的标准，将目标用户链接到适当的活动路径上并追踪其行为，定义触发器的规则，如用户迟迟没有下单。

优化：利用活动管理工具优化行为触发的方法，并随时根据营销目标需要拓展活动路径，如用户进行过比价，便自动推送提醒通知或优惠券。

执行：测试优化后，进行大规模行为触发营销活动，以实现营销目标，在相似用户群整体推进。

2.作用

从用户行为触发完成的触达，是真正实现了"以用户为中心"的"人、货、场"的自动有效的匹配和互动，改变了传统营销只关注"谁是目标用户""谁买了"这样的用户目标定位的方法。行为触发营销更关注的是"何时触达目标用户"以实现精准营销的问题。

行为触发营销有以下几个特点，给用户和品牌都带来好处。

一是精准性，保护了用户，避免用户被铺天盖地的推送、邮件、优惠券等广告过度打扰，通过数据根基优化的每条信息在最合适的时间触达感兴趣的客户，也不浪费品牌方的时间和精力，帮助品牌方有效地为不同的用户提供适时、及时、个性化的最佳触达时点，提升用户对品牌的好感。

二是实时性，行为触发营销不拘泥于传统自动化营销的既定流程，因数字技术提供的工具，可以在用户完成某一行为后进行立即触达，反馈跟踪和互动情况，实时性很强。

三是灵活性，营销人员意识到客户不是静态元素，而是动态的个体，行为触发营销基于技术支持可以动态观察用户在数字旅程中的不同触点的互动情况，改变了传统营销用户洞察的静态，从用户群体到个体用户行为都可以实行动态持续的变化观察,使品牌可以更加灵活地吸引、满足用户需求。

(三)行为触发的内容传播概念和条件

1.概念

行为触发的内容传播是指品牌方在数字技术支撑下,通过自动生成的用户数字旅程中各个触点行为的动态观察分析,建立品牌与用户、用户与用户之间的信息交流并且有效沟通的活动过程。

行为触发的内容传播核心是对用户行为的数据累积和洞察分析,通过数字化手段对用户行为做可视化了解,进而引导优化其路径,从而促使用户产生好感,接受品牌所传播的信息,并产生转化行为。

2.条件

行为触发的内容传播要顺利进行,需要一定的数字化基础条件。

连接基础:没有连接无法触发行为,连接是数字时代的基础,目前已经有人与人、人与物、人与场的线上线下的融合连接。比如去盒马生鲜,就能体验到人与商品线上和线下全面连接的感受。

数据累积:只有拥有足够多的用户数据累积,品牌才能理解分析用户行为,实现精准传播。

数据工具:数字化工具能对用户的行为进行记录与跟踪,转化成精确的可视化数据,可以对用户行为动态做出有效的分析。例如亚马逊零售将所有商品都贴上装有传感器的新型条码标签,每件商品被用户拿起、放下的行为信息都会被准确记录,并传递到后台管理系统中。这些数据经过分析后,为亚马逊下一步的产品开发、设计、备货、进货提供精确的方向。

用户参与:用户在数字旅程中的每一个触点行为都被品牌方实时监测,如浏览哪个平台、停留每个界面的时间、收藏、评论、购买等行为已被数字可视化,而且是在与品牌方的连续动态的互动中呈现出来的。用户参与行为实施还会改变与品牌方的后续关系,品牌方会实时动态改变与用户的互动行为,促成更好的购物体验。

动态改进:数字化工具建立的反馈机制成本很低,数据更新频率很快,在"瞬连""续连"状态下,品牌方能够随时跟踪用户的行为数据变化,实现动态改进,反过来也加快了与用户的连接参与。

二、行为触发的内容传播的主要特点

(一)相关性的传播思维

在传统的品牌传播中,品牌方会用因果逻辑推断的思维方法进行用户洞察,找出影响用户行为背后的心理原因,如:用户为什么购买或不购买该品牌的产品或服务;用户喜欢或不喜欢某产品的原因;用户是基于怎样一种观念或态度来决策行为的;等等。品牌方据此来策划出可以打动用户心智的内容。

在海量数据支撑下,大数据时代的品牌内容传播的思维已从接受因果关系转到接受强相关性分析思维上来,不再以因果关系而是以相关关系来认知世界。品牌方可从大量的数据中直接找到答案,即使不知道原因。发现行为中隐含的相关性,用数据来分析用户行为,以用户行为来推动品牌内容的选择传播,通俗讲,知道"是什么"比知道"为什么"更能有效地与用户沟通,引导用户行为。

美国第二大百货公司塔吉特用数据分析怀孕用户的行为,发现不同的怀孕用户在不同阶段购买的东西有很大的相似性:孕初期购买无味的大瓶润肤露,因皮肤出现干燥症状;孕中期购买维生素及营养品、大包无味香皂和棉球;分娩前期购买婴儿用毛巾等用品。虽然每位孕妇购买的东西不尽相同,但是孕妇购买行为的大趋势还是被大数据系统自动归纳出来,百货公司依据大数据预测,准确选定25类商品,一旦确定某一家庭有人怀孕了,就在孕妇的不同时期向她们推送这25类商品的优惠券,并在不同时间选择各种怀孕、养育孩子的知识及孕期心理疏导等充满人情关怀的内容进行推送,并及时与有需要的孕妇进行互动传播。相关性的传播思维建立了品牌与用户的良好关系。

(二)用户行为触点成为传播内容

"万物互联"中形成了多种类型的用户行为触点,用户可以通过这些触点接收到品牌方提供的产品和服务内容,品牌方也可以通过这些触点实时洞察用户,与用户开展互动传播。

用户行为触点成为传播内容,一般与用户行为发生的场景相关联。用户在数字旅程中的行为会和各类细分的生活场景连接在一起,而且分类越细,越能塑造提炼出适配的内容来。如:用户网购行为中的搜索、点击、浏览、停留时间,近期偏好选择的内容资讯行为;家居生活中智能冰箱、智能空调开关次数,智能沙发、床铺坐躺时间,智能健身器材锻炼时段、时长;等等。这些家居生活场景和生活习惯行为,会把"家"这一大场景再分为"休息场景""锻炼场景""娱乐场景""烹饪场景""睡眠场景"等细分小场景,根据不断细分的消费场景中用户的这些行为触点,品牌方可以规划适配品牌内容的投放和投放推送时机。

品牌内容如只停留在用户的一般需求上,还远远不能满足当下用户对生命意义价值的追求。用户行为触点通过实时共享的物联网技术,大数据对比之间的信息整合和联动,可以精准感知用户行为背后的潜在心理及情感价值。源自数据算法的"技术同理心",可以创建超越用户期待的新消费场景,实现品牌不断创新带来的内容传播。如无印良品上线的一款助眠App——MUJI to Sleep,是制作团队走进深山林间、搜集自然声音而制作出的一款有5个场景的高音质应用,与店内MUJI to Sleep的介绍及其他有关睡眠的书籍、寝具等杂货一起呈现,提倡了一种有关睡眠质量的生活方式。品牌方传播出来的内容不仅吸引而且引导了很多对睡眠生活方式有期待的用户。基于品质、美誉度、传播度等建立的品牌价值传播,最终被数据能力导向了品牌人格,承载了用户更多的定义和期待。

(三)行为影响行为的传播方式

基于大数据算法推荐的精准推送系统形成了品牌内容传播闭环。用户的各种网络行为被大数据随时记录、随时分析后,准确而有时效性地进行个性化信息内容的推送传播。类似Google Now那样,能针对特定用户,根据他过去某个时间的某个行为,以及当前使用Google产品的场景,自动产生搜索关键词,提示用户接下来该做什么,而用户习惯行为和时间、地点、场景的匹配,又生成新信息内容直接推送传播给用户,成为下一阶段消费旅行的起点。行为触发内容传播,内容传播再次引发行为传播,形成品牌内容传播的闭环。

用户在数字旅行中除了"衣食住行"的基本需求,还有更多的内在的精神需求,这些需求产生了内容消费行为,即用户表达观点、态度的行为。最直观的,用户发表使用体验、评论、推荐等行为都是用户须要寻求认同、验证观点的表现。这些需求被满足后,刺激用户产生对有关内容的生产和传播,推荐系统在检测到用户生成的内容取向后,又会给用户"投喂"更多的类似内容。传播反馈闭环的形成,强化了用户自身原本的态度和动机,同时提升了用户对品牌的忠诚度。

而且随着技术背景下的在线内容社区的形成,用户、品牌方甚至人工智能工具都已成为数字旅程中的某一个节点,任何一方的行为都会触发自主参与内容生成与传播的过程,形成合作和协同。如用户为了满足自我兴趣、得到观念认同、强化自身的偏见等,会在社区中"拉帮结派",形成各种所谓圈层,如网红、IP、大V、意见领袖等,他们生产各种内容,展现出各种信用和代理,直接影响品牌人格倾向;品牌方则可以在社区中提出关于某类产品的内容主题,各类专业人士、普通用户都可以在社区中上传自己的创意设计思路、文案、图片、视频、音频,甚至设计稿、制作图纸等内容,后续可以由程序化的创意系统自动生成符合主题的内容,众筹、定制化等行为的出现佐证了这种协同创新的内容传播模式。数据能力和情绪代理机制提升了内容创造传播效率,成为行为触发内容传播的新生存方式和圈层传播的终极意义。

三、行为触发的内容传播方法

(一)深入理解有哪些用户行为触点可挖掘出适配内容

用户在数字旅程中经历了从初次接触品牌信息、产生兴趣、进行比较、选择、购买,到使用、可能的复购、分享包括主动推荐朋友购买等过程。在该旅程中,用户会接触到网络商城、直播电商、实体店铺、广告、社交媒体中的KOL、网红、移动终端等多种渠道。用户和品牌之间发生行为的触点很多,而且越来越丰富多元。

过去,品牌是凭行业经验或推测用户所经历的消费旅程来决定运营和传播策略的。现在,品牌方通过数字化工具,在与用户产生的触点连接中设立数据侦测点,搜集到海量的用户数字旅程中的行为数据,通过对这些数据的分析,得到精准的用户分类、旅程路径和习惯行为等信息。如:一些用户习惯使用移动互联网获取信息,喜欢网上购买并且喜欢分享;一些用户虽然同样习惯使用移动互联网获取信息,但喜欢在线下店购买,不喜欢分享。品牌方熟练灵活运用数据化工具,有助于从用户的实际行为中挖掘其真正需求,对不同类型的用户进行精准的内容匹配传播。

除了行为内容匹配传播,品牌方还可以通过用户场景匹配内容传播。借助于传感器和GPS定位等技术,可以实时捕捉到用户所处的场景,发现用户的时间、地理位置、媒介使用环境、实时环境中的情绪、需求和期望等,分析用户行为是外部触发行为还是内部触发的多样化和动态化行为,可以自动生成或创新生成符合用户场景的传播内容,通过场景匹配和内容适配,精准提升传播体验感和传播效应。

(二)激发用户行为之间的内容自传播

互联网媒体平台的开放性使得用户的主体意识和参与意识不断加强,网络媒介的即时性、交互性又为用户提供了内容自传播的技术基础。用户在传播中既是传播信息内容的接受者,又是传播信息内容的生产者和传播者。在传播过程中,用户可以主动选择信息、进行反馈甚至可以控制信息走向,也可以主动对信息内容进行二次创造和传播。用户的这些传播行为会激发出"行为赶行为""内容赶内容"的自传播。

点赞、收藏、转发和评论及弹幕内容就是用户行为引发的自传播。

尽管点赞、收藏和转发是一次性用户操作行为,但其显示的数量会起到心理暗示作用,引起其他用户的好奇心理,从而转发传播,引发更多的赞同行为。

评论可以是事后评论,也可以是边看边评论,但因评论场景和内容观看场景的不协调,评论行为的触发并不是在观看视频这个界面,评论并不是和播放视频同步的一种行为,须要退出播放界面才能看到,因此一般倾向于事后对整体内容的评论表达和互动,维度更丰富,也更具有拓展性。评论中还可以再叠加评论,有可能会促成对某个话题的深入讨论,从而形成小规模的互动空间,其内容会独立于视频内容,不断被沉淀下来,后续参与者可以查阅、拓展。用户生产的内容沉淀,带来社区中人与人关系的沉淀,发展为社区关系,进一步拓展为更丰富的互动内容进行传播。

B站及现在很多的短视频、长视频,甚至音频、直播、图文中的弹幕评论,发布的门槛很低,是用户在阅读或观看过程中碎片观点和想法的摘录,是在观看内容过程中的实时表达与互动传播。弹幕是有时间定位的,具备同步性,也能够定位到内容细节点,更具针对性、即时性和沉浸感。尽管不同用户在观看时间上并不同步,但是每个用户在消费观看内容时,都会被带入这个互动空间里,因此用户间更容易互相触发情绪、观点、想法的表达,提升参与感和在场感,获得比内容本身更多元的视角、信息,获得观点碰撞、情绪认同、建立社交关联的满足,更加激发出下一轮的参与互动和传播行为,催生出优质的二次创作和传播内容。

可见,点赞、收藏、转发和评论及弹幕内容的实时互相激发,网红直播的情绪行为激发,在线社区自定义话题激发,等等,持续的内容叠加、用户协同,会形成内容势能转化。深入理解用户行为激发的自传播功能,建立内容自传播的完整的内容体系,可以营造出一个品牌影响用户、用户影响用户的行为触动方式,建立起更为亲密的连接,形成持续性的内容供给、需求满足和互动的品牌内容生产传播生态链。

(三)找到用户行为背后的人格化内容

要高效地实现行为触发的内容传播,最核心最根本的还是要深入理解目标用户对品牌价值观的强烈认同、共鸣和依赖的触点是什么。品牌的差异化、个性化说到底就是品牌赋予物的人格化,使用户可以和物进行情感连接、互动,产生群体间的共情,实现生活意义。所以品牌传播中经常听到的"个性化"实际上就是在谈品牌如何赋予物品以人为中心的情感和价值。"人以自己有限的生命通过万物表达出无限的生命意识,才是物品人格化的应有含义"①,所以我们看到的各种家具品牌塑造的北欧简约风、日式侘寂风、新中式风等的背后细微的审美差别,实际上隐含了用户内心不同人格审美趣味的差异。

找到用户行为背后的人格化内容,实际上就是对用户行为动机、需求和期望的深入调查和理解。找到每一类或每一个用户的身份属性标签,是强化品牌人格的重要途径。

亚文化已成为品牌人格化内容的重要来源。Supreme起家于街头滑板文化,形成街头穿戴风格,其产品的背后隐含着美式、年轻、反叛的文化群落用户的价值取向,包含着人格化的诉求,反过来为品牌提供了众多的话题和内容,自创传播流量。类似人格化内容很多,文艺青年带来的即刻、ONE等清新系品牌,二次元带来的弹幕视频网站、ACG手游,等等,从产品品牌的命名开始,就赋予了特定社群独特的群体记忆和话语体系,形成社群的追随

---

① 吴声:《新物种爆炸:认知升级时代的新商业思维》,中信出版社2017年版,第167页。

者。内容建立联系,联系形成社群,社群不断反哺内容,形成具有内循环特征的亚文化体系,体系在成长中不断跨界融合成长,定义新的生活方式,最终形成一个独有的人格化的新品牌。人格化内容成为品牌可识别、可扩展、可连续、可转化的重要来源。

用户行为背后的人格化内容会形成优质的流量传播。人格传播的核心是价值观和体验。价值观的认同,带来用户自我认知,产生归属感和共鸣。明星IP、网红能够替代品牌logo,以内容生产迭代商品说明,以用户黏性迭代流量购买,是个性需求、精神需求的崛起,使内容成为价值的载体。如在2016年11月,阔别歌坛很久的朴树在碎乐App上发布了一首新歌,一天的收听量达13.4万次,大量的歌迷为朴树新歌留言、打赏、提问和送花。听朴树的歌最终听的是不一样的"朴树人格",听歌行为本身就是内容,更不用说朴树选择了当时独特的传播渠道——碎乐。独特的人格魅力、独特的传播渠道、首发独特的歌曲,找到了最好的适配内容,一起发力引爆自传播。

📚 **拓展阅读**

[1] 阳翼.数字消费者行为学[M].北京:中国人民大学出版社,2022.

[2] 洛克伍德.设计思维:整合创新、用户体验与品牌价值[M].李翠荣,李永春,等译.北京:电子工业出版社,2012.

✏️ **思考题**

1.选择一个品牌,思考该品牌的内容传播中哪些是认知内容,哪些是体验内容。

2.结合上题,思考该品牌是如何构建体验内容的。

第七章　数字化的品牌传播表达

本章要点：

　1.传播技术和其他技术融合形成数字时代品牌的新表达。

　2.数字时代的品牌传播表达呈现出全天候、场景化的特点。

　3.媒介渠道融合后为品牌带来更多创新和可能。

关键词：

　传播技术；场景化传播；全天候呈现；媒介渠道

随着传播技术、信息技术、数字技术的发展，近几年的营销实践越来越重视数字化能力，打破原有传播模式，进行数字化传播的新创造。这些数字时代品牌的新表达从时间、空间、互动、内容、审美上都带有明显的时代特色和时代印记，为品牌带来源源不断的惊喜。

案例窗：BALMAIN"信号接收中"

BALMAIN（巴尔曼）是创建于1945年的法国高级时装品牌，曾经定义了全新的"法式风格"，其塑造的全新的"法国女性"形象，潇洒而富有魅力。其产品包括男女装、珠宝、香水等。

BALMAIN线上精品店小程序（见图7-1）推送了"信号接收中"这一数字营销主题讯息，意图吸引消费者进入"一场超越感官的探索奇遇"，随着"一封秘密来信"，"指引冒险方向，探寻来自宇宙的神秘礼物"，期待更多"成员就位，莅临焕新开幕活动"，或"点击小程序,在线甄选"。

图7-1　BALMAIN小程序界面

（资料来源：BALMAIN线上精品店小程序。）

 思考题

1.该案例中,BALMAIN的营销主题与文案语言,体现了品牌在数字时代传播的哪些特色?

2.BALMAIN品牌在数字时代针对新一代目标人群做了怎样的风格、调性探索?结合所选取的媒介渠道,分析其传播表达体现了哪些创新。

品牌传播在数字时代发生了主体和目标的变化,以及媒介与用户的变化……因而品牌所存在的时代语境有了新的特质。品牌也在技术支撑下实现了或期待实现表达创新,为未来品牌生命力进行多元探索,并将为用户开启全方位、全感官的沉浸式体验,在场景技术、5G智能、物联创变中,在虚拟仿真技术、多元传播矩阵里进入元宇宙的时空。

通常,"表达"是将思维所得的成果用语言等形式反映出来的一种行为。它以交际、传播为目的,以物、事、情、理为内容,以语言等为工具,以听者、读者为接收对象。那么,"传播表达"则是将意义清晰赋予在文字、图片或其他信息中,借由恰当的有效渠道传播出去,使社会大众尤其是目标受众接受、读解。

传播学理论中提到的传播的"话语(discourse)",简单地说,"就是围绕着特定语境(context)中的特定文本(text)所形成的传播实践和社会实践"[①]。

第一节　传播技术和其他技术融合的新表达

数字时代促成了数字生态的发展,社会信息、用户、媒介等均发生了巨大的变化,社会场景也日益更新,企业及品牌迫切地须要与新的市场形态对话,建设新的平台体系,进行更具原生态意味的未来布局,这直观地显现在传播表达层面。

技术的快速更迭使得社会个体、企业组织面临重大挑战,必须适应数字世界演进规律,稳定自身生存状态。在这样的大背景下,品牌直接面对数字化转型的现状要求,如何跨越固有界限与框架,适应媒介触点变化,充分利用数字技术激发品牌创新潜力,形成品牌新表达,成为品牌当下的重要议题。

一、数字化传播的新技术赋能

数字时代技术的创新已全面扩展、延伸到各领域,AR、VR、AI、大数据……各种新技术开启了属于自己的可创造空间,也助力品牌传播、迭代、演进。

[①]　刘海龙:《大众传播理论:范式与流派》,中国人民大学出版社2008年版,第5页。

（一）数字化传播的能力创造

在品牌转型之旅中，基于新技术赋能所形成的数字化能力是品牌数字化营销模式建立、新表达产生的先行条件。网络大数据、物联网、云计算技术，以及VR、AR技术，促使各种新型媒介陆续产生、成熟，如短视频、直播、视频号等，进而促使企业、品牌在快速接轨时代的过程中不断重构自己的核心竞争力，在数字化机会中为自身赋能。

2022年7月18日，吉利汽车在成都城市音乐厅举行新车发布会，宣布"吉利星瑞2023款"正式上市。新品发布会上，吉利汽车颠覆传统套路，携手舞蹈诗剧《只此青绿》上演文化和科技的跨时空对话，并于线上开放直播。除此之外，吉利汽车联动百大KOL以及媒体在抖音上发起"中国有星瑞"挑战，为上市新车造势。

从吉利的案例中，可见当前企业在品牌力生态化建设中塑造的数字化能力主要有以下几种。

1.以数据为支撑的认知、洞察决策能力

数字时代如何精准预测消费市场深层需求，并做大胆引导，结合产品设计、生产、创新，去获得突破性先机，是品牌开启未来发展、决策的关键。这需要品牌有远见洞察。而数据和算力显然可以起到主导作用。作为2022年春晚最美节目之一，《只此青绿》相关话题频繁登上热搜，被疯狂"刷屏"。

数据提供了热点所在，成为品牌触及目标受众心理的工具。因此，品牌借助对数据的洞察可以做出更好的决策，指向最佳行动方案。

2.以开放平台驱动的设计创新能力

数字时代，生产、技术、产品设计都不再局限于单一的行业内平台，而是通过系统建设具备了更多开放性，能在跨界中进行创新升级。吉利与《只此青绿》的战略合作，时尚与典雅的结合，体现了汽车文化与传统文化的探索融合，彰显了中国汽车圈的"文化自信""文化觉醒的力量"，成为一种"新常态"。

3.以高效直达多元架构的动态传播能力

品牌的直观信息传播、产品对核心客户的高效触达，以更私域化的流量输出方式形成多元化的营销闭环，KOL与媒体联手产生协同效应，更快速地实现新型动态传播效力。

（二）新技术赋能多元化形式

企业加速打造自身数字化能力,同时数字技术的飞速发展催生了多元化的品牌传播新形态,企业有了众多的传播新样式以供选择,有利于精准及时的推广,也有了更综合的技术传播体系可供更新迭代。从小红书用户社区、微信、抖音,到直播、短视频,以及今日头条、淘系……多场景、全天候的品牌传播链路,极大地拓宽了消费者的信息获取边界,提高了信息覆盖率与对潜藏需求的捕捉效率,达到了匹配最大化,品牌传播价值表达也有了全域可拓展空间。

1.赋能品牌多元化尝试

数字化能力成为品牌成功的关键要素。如疫情期间,不少品牌与平台虽囿于困境,却也生出不少新思路。针对人们外出时间和运动量减少的现象,Keep开设了运动直播,用户居家就能参与健身;FITURE正式发售了新品"FITURE魔镜3"和"FITURE魔镜3Plus",两款新硬件产品在镜面视觉、AI技术、影音体验等方面进行了全面迭代升级,还专门强化了沉浸式体验,着力培育线上线下互动式运动社区,如图7-2所示。

图7-2　新品"FITURE魔镜3"和"FITURE魔镜3Plus"

（资料来源:《镜面视觉＋AI,智能健身镜让宅家锻炼"智能又有趣"》,2022年7月6日,https://baijia-hao.baidu.com/s?id=1737572027612001618&wfr=spider&for=pc。）

网易云举办的云村卧室音乐节,以及摩登天空推出的"宅草莓"线上音乐节,通过"live show＋宅自制＋实时直播"的形式,使得宅家的用户也能共同参与音乐狂欢;此外,博物馆、美术馆等各类文博机构也尝试了虚拟策展,以互动性强的直播形式,利用云资源的创新吸引到大量线上关注。品牌在直播、互动推广等尝试中达成了传播话语的新实践。

2.品牌价值表达与担当

在数字时代,企业与品牌的前瞻性不仅体现在一般的体系发展上,还体现在表达的优化与开拓上。淘宝、快手等平台开设的公益直播专场,也将直播从简单带货开放提升为"直播＋",为品牌注入了多元价值、社会担当,这是数字化品牌传播新范式中应努力秉承的重要维度。2020年,快手携手央视新闻、中国银联推出首个诗歌公益直播项目"诗歌长河",让更多山里孩子的才华被看见,就是一次积极的尝试。

(三)营建人货场全链路数字化

数字化转型能帮助企业和品牌打造核心能力,因此,在品牌数字化助力企业急速发展的过程中,企业需要长期的规划,打造全新的整合数字营销方式、周密的全域运营平台。

在数字技术赋能"跑道"的另一端的应是"人货场全链路数字化"的有效营建,把品牌、用户、供应链结合起来,将人、货、场匹配起来。品牌不仅应该关注某一个单独的营销活动方案及其实施,而且应该将全渠道获客环节进行整合闭环建设,最大程度上锁定高价值用户,推出新需求产品,提供高效品牌沟通场景,打通全渠道链路。

以蒙牛为例,特仑苏有机奶努力结合绿色、天然消费的大趋势,创设场景,致力于打造可持续发展的完整产业链。后特仑苏又重点打造沙漠有机奶,在营销上注重讲述产业链故事,结合"植树节""世界地球日"等环境保护的节点,携手中国绿化基金会和中华环境保护基金会,推出"元宇宙种树"和"沙漠绿洲居民普查报告"等内容。

产品延续拓展的同时,特仑苏借助潮流跨界,针对更广泛的年轻群体,细分需求、精准结合IP,营造更容易让年轻人产生共鸣的语境,让购买结合更丰富的场景。比如:在2021年儿童节推出特仑苏0脂肪纯牛奶嗨Milk,联手QQ推出联名礼盒和限定包装。特仑苏还以年轻人喜欢的方式和介质与用户互动沟通,如推出迪士尼明星IP达菲家族的定制款包装,形成与年轻用户更细腻的情感共振,拓展品牌力。[①]

不仅如此,蒙牛自身所描摹的数字化蓝图,涵盖了全域消费者运营、全渠道运营、智慧研发、端到端智慧供应链、数字工厂、数字奶源等各环节。所以,紧贴时代不断更新是全链路建设的重点。2022年,蒙牛推出二次元虚拟员工"奶思(Nice)",联合ODin META打造"蒙牛Land"元宇宙新世界,还在ODin META平台推出的首款数字收藏"三只小牛·睡眠自由BOX",这些都是优先布局、让品牌靠拢"元宇宙"、结合虚拟现实进行表达创新的数字化尝试。

二、数字化传播的品牌布局融合提升

(一)品牌数字化战略与布局营造

品牌在数字时代受数字技术驱动,以及消费市场的升级更新趋势影响,对自身前景蓝图产生新动力,希望焕发新生命力。数字化战略与布局成为品牌致力整合营造的重要内容。在开发、拓进的过程中,品牌也希冀在新技术、多平台战略布局上让自身的表达更具革新意义,凸显品牌的优势,为品牌背书、赋能,让品牌传播更智能。

今日头条联合光明网携柯洁、武磊等100位青年KOL以及数十家媒体打造五四青年节#塔可青年,抬头向上#微话题内容,为其新品造势、提升品牌美誉。依靠头条的新闻媒体属性和影响力,官方机构共振赋能,向中国青年传递正能量价值观,完成优异的传播结果。话题效果实现5.1亿次阅读,20万次讨论,累计覆盖1.2亿名青年,成为2019年头条微话题优质案例。[②]

在这个案例中,今日头条与肯德基联手,进行了全域用户的拓展,抓住特定时间点,积极进行表达创造。既利用"超级话题"打造"抬头向上"的"塔可青年"形象,突出信息焦点,提升商业销量,为联合品牌创造大流量,同时又利用自身定位、属性,以及其他媒体、KOL,在全域进行造势导流,赋能现有渠道影响力,也开拓了新增量市场。

---

① 《卖沙子、送南瓜、牵手迪斯尼明星,特仑苏亮出新生代品牌名片》,2021年12月28日,http://stock.10jqka.com.cn/usstock/20211228/c635514302.shtml。

② 《今日头条推广年终盘点:2019年,这些精彩案例你看过几个?》,2019年12月16日,https://www.digitaling.com/articles/242066.html。

（二）圈层营销、跨界传播的表达

美国学者托马斯·科洛波洛斯提出了"圈层效应"。"Z世代"作为数字时代的年轻消费者，是互联网"原住民"，他们一早即遇到移动网络及社交平台、电商信息与个性推送、信息洪流与共享等，拥有高于其他代际的可支配资源、见闻，会因为相同爱好和价值观聚在一起，有更多细小的分类与聚集。他们拥有更彰显的自我，有对外在更自由的选择，更排斥传统意义的推广营销，有着独特的价值观、社交习惯和对生活服务的数字化需求。对品牌价值的认可常来自通过科技力感知到的品牌特质，如温度与信赖感、"悦己性"、"适温性"、突破性。因此，当数字时代品牌传播表达对应的主力人群是"Z世代"时，圈层营销、跨界传播等即成为品牌融入"Z世代"的首选营销策略。

常见的圈层营销方式如图7-3所示。

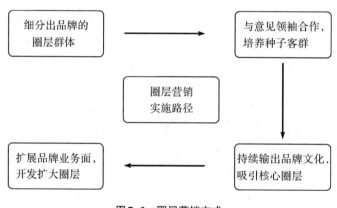

图7-3　圈层营销方式

比亚迪汽车在微博进行话题营销："♯王者混动荣耀出击♯♯比亚迪汽车王者荣耀高校赛♯东部赛区圆满收官，金陵聚首，逐梦苍穹，王者实力为冠军荣光加冕。"[1]

对于潜在消费群体，比亚迪从游戏圈层切入，培育未来用户，增强用户黏性，铺垫今后的消费刚性逻辑。根据人、货、场的全链路营建，围绕圈层展开的不仅仅是对用户群的针对性引导，还有产品本身的创新，以获得年轻爱车群体的青睐。2022年2月，比亚迪e平台3.0推出的首款A级潮跑

---

① https://www.weibo.com/1746221281/M1WO388sN。

SUV——元PLUS,即旨在于此。

在近几年的营销实践中可以看到,强化品牌的数字化能力,打破原有传播模式,进行数字化传播的新创造,是数字时代品牌传播的中心议题,因而,更多的手段被开发利用,除了圈层营销,不同类型合作对象的联动也是极为常见的。

但是也需要指出,跨界营销强强联手不能陷入一般的套路化操作中,品牌要与更具合作根基的对象结合,提供更贴合数字时代共生生态的社区建设、更尊重用户心智的内容生产,打造健康、品效合一的长效流通模式。

三、数字化传播的新表达创造

(一)数字化传播的新创造

品牌被赋能数字化后,开启进入数字化营销模式并持续改进、深耕,人货场全链路数字化逐步导入,完成品牌布局,不断以圈层、跨界等方式快速运转自身传播体系,与消费群体间通过数字技术在多元化平台上建立不同程度、不同认可度的有效关联,进而积累更新品牌资产。

拥有60余年生产历史的知名饮品雪碧,以及逾百年历史的品牌可口可乐,在微博营销中,无论是转发、评论博文,参与翻牌、抽取"酷爽音乐节"电子门票,还是发布原创图文或视频,分享夏日计划or游记……从博文内容到视觉表现、设计语言,都以与当下接轨的互动新方式与用户交流,通过多重体验增进用户的参与度和认可度,如图7-4所示。这是品牌历史发展中与时俱进的新表达创造,也是品牌资产数字化累进的持续策略。

图7-4　可口可乐微博营销

（二）数字营销多元互动的新表达

2020年，"抖in美好武汉"城市生活节在武汉欢乐谷开幕，充分发挥今日头条、抖音等全系产品平台优势，打造武汉城市新形象。

2021年，为彰显武汉美好城市品牌新内涵，武汉市委网信办联合今日头条、抖音等社交平台，发起"武汉迈进十四五——向往的武汉"2021年度传播计划，如图7-5所示。

数字技术的发展和应用不断拓宽市场需求的边界，数字营销辐射的范围也越来越广泛。作为"国民级"短视频平台，截至2020年12月，抖音集聚了5700多个政务号、1300多个媒体号。[①]在这样的平台上为城市赋能进行直播，既利用了线上线下联动传播的方式，更结合抖音传播特性——高人气的抖音达人努力提升在线流量，与观看者互动，为城市宣传。

① 潘沁文：《抖音等短视频平台助力区域发展：细节塑造城市底色》，2020年12月8日，https://m.chinanews.com/wap/detail/chs/zw/0485529haepcttdf.shtml。

图7-5　武汉市网络传播活动

（资料来源：《武汉迈进十四五 | 向往的武汉抖音头条话题正式启动》，2021年9月26日，https://baijiahao. baidu. com/s? id=1711956803196332661&wfr= spider&for=pc。）

同时,数字营销手段可以更好地识别、开发和实现数字化产品及服务,通过与观看者的互动,大量收集信息,形成技术支持、内容促动、视觉吸引的全民流量入口,促进城市进行个性展示。再加上抖音线上超级话题矩阵和黄金流量加持,让城市营销更智能,公众体验更深刻,形象能量更可被感知。

第二节　全天候、场景化的品牌传播表达

一、品牌场景化传播表达的动因

(一)场景化传播的内涵与显现

ROYAL LACASA HOME品牌微信公众号传播图文如图7-6所示。

这则《以五感为介,探索立体家居美学》的场景化传播文案,从主题到内容,都向特定人群传播了人为创造的场景,着重"场",从传播趋同化的现状中跳脱出来,突出了品牌个性化、精准化的信息;同时也在"场"的基础上描摹了"景",图文结合、公众号推送在更深的层面上将品牌、产品做了"景观化"呈现,试图让消费者获得"五感"体验,沉浸于其中。

自《即将到来的场景时代》中提到"场景"一词以来,作为一种人为构设且"被建立"的系统,场景就指向一种特定的情境,可以承载内容、社交、游戏、用户分享等多种服务。①它成为互联网时代产品经理的常用词,也是产品存活的关键。

场景通常被认为依托于五大技术,即"场景五力":移动设备、社交媒体、大数据、传感器、定位系统。由此可清晰地看出场景应用与技术密不可分,与移动互联网天然连接,因此,"场景传播"也成了互联网时代商业模式创新的途径,为目标用户量身定制的内容场景成为达到预设目标的新策略。

---

① 〔美〕罗伯特·斯考伯、谢尔·伊斯雷尔:《即将到来的场景时代》,赵乾坤、周宝曜译,北京:北京联合出版公司2014年版。

THE ART OF LIVING

FIVE
SENSES
SPACE

THE ART OF LIVING

生活的艺术来自
空间的美感 指尖的触感
以及一些需要去细心品味的生活雅趣
用五感 - 视觉、听觉、嗅觉、味觉及触觉
体会独具意义的空间魅力

视觉 | 初印象

空间中不同的风格、材质和色彩的运用
都给人以不同的视觉感受
"第一眼"往往决定了人们对空间的初印象

荷马史诗中将清晨的第一缕阳光称为玫瑰色的手指
室外照射进来的自然光与室内光和谐交融
在视觉上给人以温暖明亮的感觉

图7-6 ROYAL LACASA HOME品牌微信公众号传播图文

（资料来源：ROYAL LACASA HOME：《以五感为介，探索立体家居美学》，2022年8月17日，https://mp.weixin.qq.com/s/i7i0Tvb0MVv72jkxPN7A-w。）

（二）品牌场景化传播的动因与演进

在现代科技的背景下，"场景"与"场景五力"集合，决定了场景化传播的对信息传播的挑战是革命性的，它带来的变化包括"传播主体多元化、传播内容产品化、传播渠道平台化、传播对象个性化、传播效果可视化"。

无论是场景化传播的载体——移动设备，还是场景化个性化内容的传播源——社交媒体，都显示了场景时代基于传感定位技术营造的"在场感"，其传播链接点是不同场景下信息和服务的匹配。这与互联网时代用户互动性增强，更希望能够"在场"参与的心理深度吻合。品牌也能通过加强与用户的互动，提高用户、媒介平台对品牌的自主性和情感忠诚度。场景创造出需求，需求演化为场景。

定位为时尚单品的芭蕾猫(见图7—7),诠释了欧拉"更爱女人的汽车品牌"的定位,它的上市,引领欧拉品牌继续向上,进一步实现品牌价值的提升。

2022年7月15日晚间,长城欧拉芭蕾猫在北京完成区域上市,售价区间为19.3万元—22.3万元。新车共推出两种续航版本共四款车型。作为女性专属优雅座驾,新车运用了大量弧线设计,圆润复古,还具备儿童模式、暖男模式,以及女神模式、乘风破浪模式等女性友好贴心配置。配色方面,芭蕾猫打造了定白、天青、米釉、钧霞4种单色车身以及朝暮青白和金风玉露2种拼色车身。[①]

图7—7　长城欧拉芭蕾猫

欧拉品牌是否只有面向女性用户的车款呢?亮相2022成都车展的是欧拉闪电猫(见图7—8),溜背轿跑车型,号称性能直逼超跑,不少车迷一直对其翘首以盼。据介绍,闪电猫悬浮式中控屏尺寸较大,内置的车机系统并不陌生,UI设计简洁,操作和欧拉其他车型一致。它拥有"遛猫"人车感应系统功能,以及智能自动泊车、主动交互、语音识别等功能。闪电猫在瞄准女性用户的同时,也很好地照顾到了男性用户的需求。

欧拉品牌依据用户性别、需求、喜好,设计、推广旗下不同系列,从车型、设置到功能、配色,纷纷针对适用人群与场景推出产品,促使目标群被吸引、主动关注,并期待拥有产品,这也是品牌主动适应场景化时代、贴近年轻群体的精彩之策。

----

① 网易汽车:《售19.3万—22.3万欧拉芭蕾猫北京区域上市》,2022年7月15日,https://au-to.163.com/22/0715/22/HCBODP0P0008856R.html。

图7-8　长城欧拉闪电猫

二、全天候多触点的品牌数智表达呈现

(一)品牌数智的全天候呈现

在数字时代,消费者越来越习惯数字化体验,品牌也不断加速推进数字化运营,以期进入一个高速增长期,确立品牌数智全面布局,夯实品牌数字化战略。

2021年2月25日,蔚来在上海中心举办了一次workshop,其主题是"蔚来的全天候营销"。基于线上、线下与涟漪模式(见图7-9、7-10)的三位一体,蔚来练就了全天候营销能力。

图7-9　蔚来"涟漪模式"

(资料来源:周长贤:《天啊！蔚来终于讲营销了,还是全天候的》,2021年3月4日,https://baijiahao.baidu.com/s?id=1693296057046058294&wfr=spider&for=pc。)

传统模式	涟漪模式
更关注如何让用户从"关注者"发展为"拥趸"	更关注如何让核心车主满意，成为涟漪的中心
传统企业的用户路径 漏斗模型：关注新用户 了解－好感－喜爱－购买－满意－推荐	蔚来的用户路径 涟漪模型：关注老用户 满意－推荐－了解－好感－喜爱－购买
目标 提升新用户转化率，促成购买	目标 提升老用户满意度，促成老用户推荐新用户进入蔚来朋友圈，获得源源不断的用户
运营重点 • 寻找潜在用户 • 识别高意向用户 • 重点维护高意向用户，针对不同阶段用户加强其对产品的喜爱，提高成交概率	运营重点 • 在现有用户群众中识别核心用户 • 重点维护核心用户，提升老用户满意度，激发老用户推荐 • 帮助老用户方便、有效地推荐朋友

图7-10　传统模式与涟漪模式对比

（资料来源：周长贤：《天啊！蔚来终于讲营销了，还是全天候的》，2021年3月4日，https://baijia-hao.baidu.com/s?id=1693296057046058294&wfr=spider&for=pc。）

在蔚来的涟漪模式中，核心车主居于中心地位，其次外展的群体是其他车主用户、向往（意向）用户与关注用户。蔚来的忠诚用户因为对产品满意而起到了主力推荐的作用，逐渐辐射、影响其他人，让周边更多的人对蔚来从了解到有好感，从产生兴趣到发展为行动，加深喜好程度，最终使部分的其他用户进化为核心车主。

所以，如何让核心车主满意，成为涟漪的中心。蔚来在线上线下发起、构建了多种活动或激励机制，去推进这个关键的品牌核心战术。从线下发起数百场活动，如成立"蔚来滑雪俱乐部"等，到建设线上蔚来社区，通过积分、蔚来值形成用户在品牌社区里的终身有效的信用体系，既满足用户的参与需求，也进一步清晰、丰满用户画像，双方均从中受益。这种品牌直营、全触点、无时限、新消费的模式被认为是蔚来的全天候营销模式，是其在新常态发展下的制胜关键。

从目前来看，蔚来实施全天候营销更多是基于企业的强有力的营销整合能力展开的，是以用户为中心，围绕核心车主并凭借其推荐完成更多人的了解、购买、认可的螺旋式渐进过程。品牌首先可以去构建的是数智表达的全天候呈现,将线上线下连接,使品牌社区与用户深度互动,根据用户在不同时空环境下的消费习惯、生活场景、期待心理,提供及时的个性化的产品、服务,进行全天候的信息覆盖。

如茅台冰激凌,作为茅台和蒙牛合作的光环加持的产品,未上市就受到各界关注,在广州、长沙、杭州等的5家门店开业火爆;"i茅台"App上线两个多月,注册人数突破1800万人,日均活跃用户近200万人,可将冰激凌通过顺丰冷链配送到家。也可以说,茅台从冰激凌开始"讨好"年轻人。2022年,元气森林在安徽合肥举办了"元气森林加油站"开业仪式及"元气森林GO"新品发布会,并在现场展示零售终端领域的创新成果"M1智能柜"。"元气森林GO"作为元气森林旗下的一站式智能零售服务品牌,具备成熟的供应链、仓储、物流和精细化运营服务体系。不同品类、不同经营周期的品牌大多致力于积极引发更多用户群体的"品牌共鸣、情感共鸣、文化共鸣",在品牌数智的全天候呈现上做更多尝试。

(二)品牌数智的多触点联动

当今深度媒介化的社会中,流量成了公众关注的倾斜点,并引导相当部分的品牌在实践、理论的循环推动中加速对大数据、人工智能等的吸收、利用、再创,将其发展为自身数字智慧内质,成为品牌塑造传播的重要推力与功能引擎。微信视频号接入信息流广告,微信"视频号小店"上线,为品牌传播表达开启了全新的商业化场景。丰富、有吸引力的视频内容流,以及微信内容生态中的"原子化的基础内容组件",根据用户的标签进行精准投放,随着社交媒体用户好友动态等方式传播,形成品牌数智的多触点联动。

如凤凰网房产杭州站的视频号发布了一条关于银泰仙女湖小镇的视频,以"大咖"为主角,"对谈湖山",演绎"蓬勃湖山中的空间诗意",投射目标用户:"优秀的大宅会与业主有共鸣。"在可视化的图景中,传递舒雅大气的氛围,展现精致开阔的实景空间,伴随着专业资深的话语,叩击人们的向往之情,形成品牌数智的多触点联动。

三、场景化传播表达的品牌力迭进多赢

场景化营销时代,品牌与用户之间形成了更多元互动的关系,用户主体地位得以确立。品牌方创立多场景空间,进入全域经营融合阶段,打造不同

平台、渠道,在品牌数智牵引下将全流程资源联动起来。

（一）场景化传播表达引流增粉

作为一家区域性金融机构,如何服务当地社群、传导始终如一的服务理念? 兴业银行杭州分行通过VR全景体验的方式,在移动端推送"呵护幸福家庭"的"幸福专列"场景(见图7—11),在有着鲜明冲击力的视觉空间内,将服务社会的价值内核具体化,将为社会公众不同梦想助力的形象信息传播清晰化。

图7-11 兴业银行杭州分行朋友圈小程序广告:"幸福专列"——VR全景体验幸福
(资料来源:兴业银行小程序。)

央视频作为首个国家级5G新媒体平台,也正在将其营造的数字化场景进行推广应用。在2022年北京冬季奥运会举办期间,央视频将冬奥与个体链接,打造出"数字雪花"新场景,满足了公众融入热切关注事件的需求,以及参与更交互化的双向场景的兴趣。基于数字化技术的"数字雪花"互动项目(见图7—12),为每位参与者"量身定制"冬奥记忆。

图7-12　央视频冬奥"数字雪花"互动项目

（资料来源：《打造数字化互动化冬奥幻彩世界，央视频蓄势待发》，2022年2月4日，https://baijiahao. baidu.com/s?id=1723814121920508486&wfr=spider&for=pc。）

（二）场景化传播的品牌力迭进

对用户中心地位的重视，使得品牌更普遍地运用多触点的信息表达。在场景时代，用户对品牌的感知更多元。品牌在大数据信息处理中洞察用户需求，在交互过程中分析转化为用户画像，优化营销链路，完善自身价值系统。在这一过程中，擅长捕捉、把握大趋势下细分需求的品牌，在新消费赛道上迅速前进，品牌力显著迭进，而且在塑造品牌力的过程中，以突破定势和契合时代意义、个体情怀需求的强有力的品牌声音，拉高品牌地位，彰显品牌影响力，与社会发展趋势同步互动。

在数字时代，知名品牌不断涌现，却也此起彼伏，或畅达持久，或辉煌一时，这也带来启示：品牌力精进与用户精神需求、社会观念、时代演进间应有着合理科学的表达逻辑。

理解了这点，也就能明白东方甄选在极短时间内爆火的缘由了。2022年6月9日—10日，东方甄选招牌主播董宇辉自黑"撞脸兵马俑"，并双语带货的视频片段迅速传遍网络。有网友直呼："这是直播带货的天花板，下单才是为知识付费。"此后，近三个月的时间里，东方甄选在抖音带货榜居高不下。灰豚数据显示，东方甄选近90天的直播销售额为20亿元，平均日销售额超2200万元,如图7-13所示。

图7-13　2022年8月底东方甄选抖音号数据

（资料来源：三言财经：《东方甄选首份官方成绩单：董宇辉火之前,5个月营收2460万》,2022年8月28日,https://36kr.com/p/1889460705906945。）

第三节　未来：媒介渠道融合后的探索、创新与平衡

一、数字化品牌传播多元媒介渠道

当前,各类新消费品牌纷纷选择入驻抖音、小红书、B站、微信公众号等,将这些媒介平台打造成自己的卖场。可以看出,媒体和卖场合一,是企业数字化营销中的热门选择。如今,品牌着力完成全渠道运营体系建设时,往往以开放创新的状态致力于公私域整合,并着重挖掘私域流量池。以阿里巴巴为例,淘系包括天猫、淘宝、聚划算、阿里妈妈等,从单一的C2C网络集市

变为包括C2C、分销、拍卖、直供、众筹、定制等多种电子商务模式在内的综合性零售商圈。其可拥有、跨域经营的范围也显然增广，涉及的相关品牌及其用户群所认可、习惯的媒体平台，都拥有了可拓展为新营销渠道的空间。

（一）数字化公私域流量与整合

快手定制了一辆新市井盲盒巴士，从武汉汽车工厂，跨越1152千米，历时722分钟，途经32个服务区，千里迢迢奔赴北京。快手还举办了一场主题为"新市井，我李姐了"的夏日云端派对（见图7-14），与大家玩了个"嗨"，吸引近200万名"老铁"在线围观。

图7-14　快手"新市井，我李姐了"海报

（资料来源：小河流淌：《平台的营销大事，来啦！》，2022年8月26日，https://mp.weixin.qq.com/s/whp-vJA1rGDFxBy-VJF3rA。）

快手作为记录、分享生活的平台，其"记录世界，记录你"的初衷体现在平台自我营销的策略中，平台在追逐热度的同时，也创造了热度。新市井虚拟人IP"李姐"带来了线上新市井生活场景。数字时代，市井人物、市井生活、市井生意在快手复兴，这一卖场新平台的打造、形象的建立也在更大程度上吸引流量并促进各大品牌合作。

（二）品牌数字化媒介矩阵

媒介矩阵是媒介融合的产物，也是数字技术的可实现成果，常常是基于品牌所在行业的特性、业务特点，针对用户的多样化需求提供更多服务，配合营销目标和策略搭建的多个平台、渠道,相互间协作影响的媒介运营集群,主渠道、大小平台汇聚,各展所长。

对媒介矩阵数字化,业界有不同的梳理。有人认可"搜索"+"信息流"双引擎媒介矩阵,以及社会化营销的多引擎整合媒介矩阵;也有人认为可从新媒体矩阵角度划分为协同矩阵、覆盖矩阵和联动矩阵;还有人认为可分为向不同媒体平台扩张的横向矩阵、单一平台上不同账号布局的纵向扩张型矩阵。

无论哪一种,都显示了媒介矩阵的价值在于:借助不同价值特点的媒介实现内容多元化,全面覆盖用户,有针对性地精准触达目标用户,让用户形成全方位的信息认知与意向认可。

作为珠宝行业的头部品牌,周大福既有着明确的行业领先地位,也有着传统行业期待顺应社会、市场、用户变化而发展自身数字化能力的急切需求。在发展"云动力"的过程中,周大福采取了"云商365""智能奉客盘""云柜台"等用户触点工具,与用户进行线上线下交互,打造全域购物环境。此外,5000家门店的导购管理900万名企业微信客户,还有"i通宝"智能助手协助业务及日常运营(见图7-15)。据统计,2021年周大福"线上业绩超过13亿元,私域内售出产品的平均售价较公域电商平台高出约1.8倍,销售转化率是普通电商平台约10倍"。品牌发展获得新的机会点。

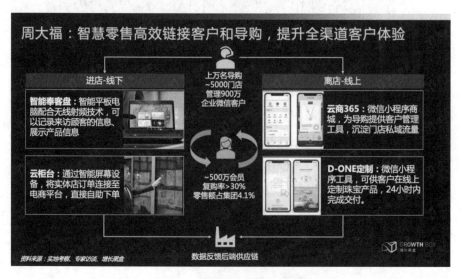

图7-15　周大福智慧零售系统

(资料来源:增长黑盒Growthbox等:《深度研究六大消费品牌,挖掘私域战略价值》,2022年8月12日,https://www.tmtpost.com/6218292.html。)

二、数字化传播媒介渠道创新谋变

（一）品牌数字化突围与谋变

数字时代，众多品牌都充分意识到传播媒介渠道的巨大变革，也积极谋求品牌的渠道创新和对原有传播方式的主动突围。极狐汽车曾与崔健联手，独家冠名其线上演唱会，在3小时的直播中，有超过4600万人观看，点赞突破1.2亿次，累计观看次数达6370万次，创造了当时视频号直播观看次数的最高纪录，在业内引发巨大关注。

极狐汽车市场部总监认为："千万量级的预算换来了1.2亿人次的曝光，从营销事件变成了社会性话题，不算私域流量曝光ROI就达到400％，我们当然觉得这次合作很值！"[①]

而作为传统老字号的张小泉为了提升年轻消费者对品牌的认知度，陆续在淘宝、京东、拼多多等平台开设旗舰店，做电商平台的布局，还设计了"泉叔"IP形象，在其冠名的《中国有嘻哈》等潮流综艺节目上推介。包括手机壳、帆布包等在内的一系列"泉叔"文创周边产品，也借着2019年春节的节点被推出，赢得年轻人的关注。此外，张小泉在新媒体及内容运营方面也做了较大的努力，2021年在天猫、抖音、快手等平台进行多场直播带货。当年全线上平台总曝光量超过2.09亿人次，同比增长23倍；总互动量29万人次，同比增长42倍；核心主营产品的线上销售额达3.78亿元，占主营业务收入的50.2％。[②]

常常人潮涌动的迪士尼则开始通过移动互联技术，提供更系统的用户线上线下体验。迪士尼通过大数据来做出更精准的决策，比如何时增加更多员工、餐厅提供何种食物、何种纪念品更受欢迎，以及需要多少扮演卡通人物的员工在公园内表演。而消费者个人偏好数据可被用来向游客发送文本信息。通过消费者佩戴的Magic Bands腕带中的内置无线射频识别，可在主题公园内追踪游客动态。消费者可用它预订门票客房，提前规划活动。

从极狐，到张小泉，再到迪士尼……不同品类品牌都在借助数字化技术

[①]　香雪兰：《视频号"分羹"短视频信息流广告，格局将被改写？》，2022年7月31日，https://www.163.com/dy/article/HDJS4PCO0517CTDU.html。

[②]　上游新闻：《张小泉竞争对手"整活儿"：直播菜刀拍蒜一整天》，2022年7月17日，https://www.163.com/dy/article/HCG0AHHI053469M5.html。

与营销进行品牌突围,或是维系百年声誉,或是在激烈竞争中独辟蹊径,还有就是切合核心品牌价值提供贴心服务体验。从战略角度看,其背后都是谋变突围的意识与思路,但是品牌表达从来不是单向主观的。极狐的市场知名度不够高,张小泉因拍蒜事件遭到质疑,都提醒品牌在数字化助力下快速奔跑的同时也应看到媒介的双面性,以更匹配的策略、更诚挚的态度去经营品牌,才是真正持久的战略要义。

(二)物联网技术创新

品牌数字化在演进中不断探索变化,品牌力在打造过程中积极拥抱技术,依托跨界多场景展开立体营销,凭借多媒体数字矩阵进行有效传播表达,不同策略风格各异又目标清晰。但技术也在不停歇地发展,品牌数智能力也被不断地推进、更新,当下的物联网技术正在多个领域展现显著的行业赋能作用。

智能音箱异军突起,用户通过语音呼唤便能乐享智慧生活;道路覆盖视频监控,车路协同让无人驾驶成为可能⋯⋯物联网平台依据传感器收集数据,对获取的数字资产进行分析,提取有价值的信息,与有特定需求的应用程序共享。由此可以看出,物联网实现了"人、机、物"的泛在连接,以感知技术和网络通信技术为主要手段,为数字营销在数据收集、分析、与客户即时互动等方面提供了强大的创新供给能力,是品牌强化智能感知的重要依托,是精细化监测定位等方面取得突破性进展的关键路径,有待进一步成熟融合应用。

三、数字化传播媒介渠道的未来探索

(一)数字化建立情感链接

品牌在数字时代以技术为引擎,在全球联动建立媒介矩阵,通过场景化进行全天候、多触点的表达,但在演进过程中始终是以提升用户中心地位,满足用户更具自我、个性的需求,多点共赢,共同架构多元化社会价值体系为宗旨的。因此,数字化传播在媒介渠道的未来探索中,也应在数字技术不断优化拓展的基础上保有品牌温度,在数字化的同时建立更好的情感链接。

"以为青春很长时,毕业季已然到来;以为青春很短时,一句话又能将你带回那段青葱记忆,许多曾在校园时代以青葱之名说出的话、表过的白,或许你忘了,但科大讯飞会帮你记起。"作为高科技企业,科大讯飞为了更好地传导品牌信息及作为 AI 龙头企业的地位、影响力,选择毕业季这一节点的特殊表达,用 AI 转写下学生的真心话,打造了一场独特的毕业仪式。

而在创造用户体验方面,更多的品牌在数字时代屡出新招。比如综合性商场品牌 INTIME 推出虚拟现实购物应用程序,可以让用户进行 AI 试装:创建"我的数字形象",选择品牌风格,生成试装。帮助用户从想象转为直观可视化查看商品穿在身上时自身的样貌、形态,从而进行判断、比较、调整。同时,品牌还充分利用数据驱动功能,根据用户搜索的关键词和浏览的品类、款式、功能等基础信息,推荐系列类似或相关产品,明确减少用户选购所用时间与精力。进而基于人工智能技术,引入虚拟智能客服,用户点击"点我细聊",就能与智能客服展开问答。INTIME 在充分的场景中、多样化的渠道里为用户提供更个性化更智能的数字创新体验。

（二）虚拟现实,元宇宙未来探索

数字化技术的快速发展极大地促进了社会生活水平及公众认知体验的提升,年轻人更是成为其中的核心群体。品牌也因为数字技术有了更具交换性的场景。为了更好地亲近年轻群体,也为了创造新价值空间、与未来探索同步,品牌也在积极尝试各种数字化的升级手段,创建自身新里程。

作为战略性新兴产业领军企业,歌尔股份在努力插上创新之翼的同时,也把目光投向年轻群体,面向高校学生举办的 VR/AR 挑战赛（见图 7-16）开展得如火如荼,让年轻人充分沉浸于元宇宙的新鲜体验中,推动年轻人进入新的互动渠道。在微博等媒介平台的多维营销、信息传达,也维系了自身的品牌站位,是品牌发展的有效策略。

不少品牌的虚拟空间建设也更为鲜活,巴黎世家上线了视频游戏《后世:明日世界》,让用户在 2031 年的平行时空中体会以"未来世界"为灵感创作的服饰的魅力。百事可乐联合元宇宙创新中心 Inter Plan 亮相上海时装周,将可持续、虚拟与时尚融合碰撞。"灵动、仿真的镜头及虚拟人的动态捕捉"让品牌在虚拟空间有了更丰富的表达,数字时代新型消费场景、年轻人的参与互动都被品牌表达更好地吸引进来,品牌创造了拥有无限可能的虚拟营销场景,表达话语与手段新颖强势,令人沉浸。

图7-16　歌尔杯高校VR/AR挑战赛

（资料来源：Goertek—歌尔股份官方微博。）

拓展阅读

[1] 刘海龙.大众传播理论：范式与流派[M].北京：中国人民大学出版社,2008.

[2] 斯考伯,伊斯雷尔.即将到来的场景时代[M].赵乾坤,周宝曜,译.北京：北京联合出版公司,2014.

思考题

1.思考场景中包含哪些要素,这些要素是否要全部具备,若不是,如何选择和协调。

2.思考媒介渠道融合的产物有哪些,它们在品牌传播中发挥怎样的作用,品牌如何选择和布局媒介渠道。

第八章 数字时代的品牌传播管理

本章要点:

1.数字时代信息愈加碎片化、多元化、实时化,品牌传播管理要兼具系统性和变化性。

2.全媒体矩阵具有一定的系统性和变化性,助推精准传播。

关键词:

品牌传播管理;系统化思维;变化性管理

数字时代受众的信息获取方式呈现出碎片化、及时化、社交化和娱乐化的特点,多元主体的多方位信息传播成为可能,这使得大众传播的信息传递方式从单向传播向双向甚至多向传播转变。在这样的大环境中,品牌传播管理要以系统化思维综合统筹协调各类传播资源,并以变化性管理适应不断变化的社会环境和市场环境。

案例窗:IBM 的品牌史

国际商业机器(中国)有限公司(IBM 中国)于 1979 年成立。作为计算机产业的领导者,IBM 在小型机、大型机和便携机领域有着显著的成就。而 IBM 的品牌发展历程也可分为四个阶段。1911—1956 年,IBM 在品牌创立初期便确定将销售能力与技术作为自己的核心竞争优势。第二阶段为 1957—1992 年,IBM 开始注重科技创新与广告策略,但过分强调技术而忽略客户需求,导致品牌陷入危机。1993—2002年为转型的十年,通过对品牌的全面重塑,IBM将其品牌重新定义为"信息时代的基石"。2002年至今是第四阶段,IBM提出"随需应变"和"智慧地球"的理念,并开辟公关、论坛、公益活动等多方位品牌推广手段。

思考题

1.什么是系统化的营销思维?
2.品牌传播管理的思维发生了哪些嬗变?

第一节　品牌传播的系统化思维

数字时代,消费者不再处于消极的、被动接受信息的位置,而拥有了点赞、转发、分享信息的权利。技术的革新及激烈的竞争促使着营销方式的转变,整合营销的概念应运而生。整合营销传播(Integrated Marketing Com-munication,IMC)理论在数字时代的推动下不断朝着新的方向发展,寻求更加多元的营利方式。

一、整合营销传播理论的发展历程

(一)20世纪八九十年代:整合营销概念的兴起

整合营销传播理论兴起于20世纪八九十年代的美国,美国广告公司协会对其做了定义:"整合营销传播是一个营销传播计划概念,要求充分认识用来制定综合计划时所使用的各种带来附加值的传播手段——如普通广告、直接反映广告、销售促进和公共关系——并将之结合,提供具有良好清晰度、连贯性的信息,使传播影响力最大化。"换言之,整合营销传播理论是企业以消费者为中心,通过多种传播渠道及手段为企业传达统一的信息的一种操作性理论,使得目标群体对企业形成一个清晰、一致的认知。

整合营销传播理论的开创者美国唐·舒尔茨(D.E.Schultz)认为,综合性的营销传播计划能创造附加价值,各种传播手段可以获得明确、一致且最大化的传播效果。①

(二)20世纪90年代后期:注重与消费者的联系

20世纪90年代后期,研究者们更加注重营销传播应是各种传播手段有序、一致的统一体的观念。汤姆·邓肯提出,整合即协调,整合营销传播是企业或品牌通过发展与协调战略传播活动,使自己与相关利益人建立建设性的关系,从而建立和巩固他们之间互利关系的过程。②这一时期,整合营销传播开始注重并培养与相关利益者之间的关系维系,意识到企业与消费者之间应该建立一种更加平等、尊重、沟通的关系纽带,共同参与到品牌资产创造的编码和译码过程之中,为企业提供价值。

(三)21世纪至今:有效的监测和评估

21世纪后,如何有效地对整合营销传播进行监测和评估是学者们关注的重点。舒尔茨夫妇提出"整合营销传播是一个可测量、可劝服的品牌传播项目的战略商业过程",是一种可以从盈利角度出发分析利润与成本关系的量化手段。③这一观点将所有与企业营销相关的群体都视为整合营销的对象,它关心的是与营销传播有关的所有人,而不仅是目标客户群体。

二、建构多维的整合营销思维

移动互联网时代信息传播日渐碎片化,代表着一个更加高速流动、互动、变化的时代的来临。传统媒体时代,企业与消费者之间信息的不对称阻碍了两者之间的交流沟通,而随着技术的发展及数字化时代的到来,不平衡的格局被打破,数据驱动着未来商业的成长。单向的信息传递方式已不再适应现实的市场需求,消费者拥有了更多的主动权。

多维IMC思想的核心,即品牌价值创造方式的改变:从单一的企业创造

---

① D. E. Schultz, "Integrated Marketing Communications: Maybe Definition is in the Point of View," *Marketing News*, vol. 27, no. 2 (1993), p. 17.

② 〔美〕汤姆·邓肯、桑德拉·莫里亚蒂:《品牌至尊:利用整合营销创造终极价值》,廖宜怡译,华夏出版社2000年版。

③ 赵悦:《整合营销理论研究综述》,《新闻世界》2012年第5期,第198—199页。

价值到企业与消费者共同创造价值;构建以"互联网＋"为基础的大数据平台和"以用户为中心"的营销模式,以建设多维互动平台为着力点,驱动新的营销动能;打破企业与消费者之间的信息壁垒,实现渠道与内容的全面融合,通过对移动端、PC端等新媒体的整合,为消费者构建全新的现代营销体系,鼓励其成为品牌价值的共同创造者,着力探索"客户中心、数据驱动、生态协同"的品牌生态系统,继而对品牌传播产生有利影响。

多维的整合营销思维下,企业、消费者及相关利益者处于平等的地位,通过构建的渠道进行协商与沟通,从而实现品牌价值的共创,实现"人人都是企业的一员"。

三、实现全过程品牌传播监测

互联网时代的到来改变了广告行业的运作模式,大数据的出现使得品牌传播效果的实时化数据呈现成为可能,这同样颠覆了传统的广告效果评估。

传统媒体时代广告价格昂贵,广告主要由少量的大企业广告主占据,媒介投放通过购买传统媒体,实现对该媒体覆盖的人群的触达,但同时也存在着效果评估周期长、指标单一死板的问题。而大数据的出现在一定程度上解决了这个困扰,各类广告效果监测手机用户的行为数据,并描绘用户画像,为广告主提供了事实的效果数据。互联网时代带来的长尾效应,为许多中小企业的广告投放带来机会,可以满足更多企业广告主的广告需求。更广、更细、更精的广告效果需求与时俱进,除了传统的曝光率、点击率,广告主更加追求精确度、流量质量和曝光环境等层面的效果需求,这也进一步推动了全过程品牌传播监测的发展。

品牌传播效果可以根据发生的时间分为事前、事中和事后三种类型。

事前的效果测量,指在品牌传播活动实施之前对品牌口碑进行评估。企业通常会通过第三方监测机构对品牌的构成要素、传播规划和策略进行研判及预估可能产生的后果。

事中的效果测量,指在品牌传播活动实施的过程中,对品牌传播的进展及效果进行实时的把控,减少偏离预期目标的可能性,并对实施过程中的活动及方向进行及时的调整。

事后的效果评估,指在品牌传播活动结束后,综合宏观地评判传播活动产生的结果及达成的效果是否与预期相符,并为后续的相关工作的改进提供参考。

目前,互联网广告效果监测指标可分为三类:流量指标、互动指标及转化指标。

(一)流量指标

流量指标指描述广告展现情况和到达情况的一类指标。根据这些指标,广告主可以判断前段广告的流量价值。[①]流量指标可再细分为以下三种:

1.CPM(Cost Per Mille)

即千人成本,是一种媒体送达1000人或1000户家庭的成本计算单位,是广告曝光千次展现的成本。CPM=费用/展现次数*1000。

2.PV(Page View)

PV是用户访问网站页面的累计次数,简单来讲即网页浏览量。网页浏览量是评价网站流量最常用的指标之一。但PV并不代表网页的真实访客数量,同一用户每刷新一次页面便会计算一次PV。

3.UV(Unique Visitor)

一般指独立访客,即浏览网页的自然人个数,采用"访问次数"和"独立访客(问)数"两个数值标准来统计某网站的访客数。该计算方法并不累计多次访问的人数。

(二)互动指标

与流量指标不同,互动指标的结果表明用户的参与程度,且与流量指标相比,互动指标的标准化程度较低。除去部分通用的标准化指标外,广告主会根据自身的推广目标和广告的具体内容去制订个性化的互动指标。

1.跳失率(Bounce Rate)

跳失率指当用户点击广告后并未产生后续点击行为,而选择离开的比率。该比率可用来衡量广告的引流效果及网页内容对访客的吸引力。跳失率越低,则网页内容越优质、广告越精准。

2.访问深度(PV/UV)

访问深度指一个访客在一次单独访问期间曝光某特定网页的次数。访

---

① 王淼:《数据驱动的互联网广告效果监测研究》,《广告大观(理论版)》2017年第4期,第31—46页。

问深度=网页浏览量/独立访客数。访问深度数值越高,表明访问者在访问中浏览的界面越多,信息获取量也越大,因此网页给访问者留下的印象及造成的影响也就越深刻。访问者对广告内容的兴趣及对信息获取的难度都会影响访问深度。

3.访问时间(Time on Site)

访问时间是衡量访客访问某网页时间长度的指标。访问时间=总访问时间/访问次数,简单来讲是计算平均每次访问所停留的时间。但是,用户停留时间长并不意味着广告的互动效果好,因此单纯以访问时间衡量广告的效果是不准确的。

(三)转化指标

根据领域和行业的不同,转化指标可分为销售类转化指标和应用类转化指标两种。销售类转化指标较多适用于快销产品;应用类转化指标更加标准化,包括下载量、用户数、购买数等要素。

喻国明认为,大数据的真正价值不在于它的大,而在于它的全:空间维度上的多角度、多层次信息的交叉复现;时间维度上的与人或社会有机体的活动相关联的信息的持续呈现。随着互联网、移动互联网的发展,人们从被动接受信息到主动获取信息,从信息的接受者向主动创造者和传播者转变,因而也在品牌传播过程中扮演着越来越重要的角色,消费者与企业共同塑造品牌的意识在不断增强。因此,要将大数据与品牌传播效果监测相结合,构建出适应新时代的全过程品牌传播监测之路,为未来品牌传播管理的发展探索出一个新方向。

四、培养粉丝思维

数字时代,品牌资产是企业与消费者共同建立和创造的。在当今的传播秩序中,消费者有着相当强大的能力,能通过移动互联网技术传播品牌信息,他们与企业之间的信息不对称性正在逐渐减小。随着消费者的单一身份被消费者和生产者的双重身份取代,品牌传播的传统生态正在迅速瓦解。品牌正在从过去的“单独”模式向共建共创转变。用户的参与,在一定程度上是数字时代品牌忠诚度的全新表现形式。

由于消费者主体地位的上升,粉丝成为品牌传播管理中不可或缺的重要一环。消费者通过产品信息、营销、购买，以及消费者之间的互动创造价值，而价值的不断积累使得粉丝对品牌产生了归属感。因此，品牌在传播过程中，除了借助企业自身的传播，还要将粉丝纳入品牌建设之中，通过粉丝之间的口口相传，使得消费者在分享品牌体验的过程中自动成为品牌的代言人，实现口碑向经济效益的变现，达成品效合一的一体化发展。

优形鸡胸肉是中国健康即食鸡胸肉品类的开创者。2020年，优形连续签约"乘风破浪的姐姐"万茜与许魏洲两位艺人，成功精准吸引到目标人群，在群体中打造出高黏性的品牌联想标签。双代言策略，在传达品牌"实力""有型""年轻""锐度"等理念的同时，实现了精准人群的定位与快速破圈。

除此之外，优形熟练掌握饭圈玩法，通过精细化运营，全链路撬动粉丝热情，通过应援式推广、"万优引力CP特别企划"、场景化带货等活动拉近与粉丝的情感距离，培养品牌好感度。

粉丝营销1.0时代，粉丝对偶像是单项追随。品牌只须借用代言人形象，即可赢得支持。到了粉丝营销2.0时代，粉丝与偶像之间有了更多互动，品牌要为粉丝创造更多互动机会，才能赢得粉丝好感。而在粉丝营销3.0时代，粉丝与偶像的关系已进化为养成式追随关系，粉丝圈层也有了自己的语言体系。此时，品牌须要从品牌行为上表达对粉丝圈层文化的认同，并为品牌和粉丝构建出一个"自己人"的圈子。

消费者在互动中了解品牌，品牌在互动中维系消费者。粉丝效应形成的必要性条件正是消费者在与品牌互动的过程中获得体验感。当消费者在与品牌的互动过程中获得良好的体验，便会认同品牌理念，形成一致的符号与价值认同，继而影响后续的购买行为，并有意识地将自己的体验进行二次传播，粉丝效应得到发挥，从而推动品牌价值的提升。

消费社会，消费者对品牌的需求不仅是产品的实用价值和体验价值，更看重其符号意义。物背后所代表的身份、地位、阶级是人们消费的更重要的原因。消费者如果对特定品牌表现出较高的忠诚及热爱，就会将情感能量转换为现实的行动，出现追捧行为，而此时品牌价值化才真正得到了实现。小米在短时间内在全球范围内打开市场，很大程度上得益于其粉丝营销的战略。小米手机首先定位"关键粉丝"——米粉，将其定义为"发烧友"，而这批"发烧友"成了小米的第一批忠实用户，且是小米最强大的免费营销推广人群。其次，通过饥饿营销，让消费者在得到产品的同时产生一种比他人先得到产品的优越感。在后续不断的抢购、缺货、再抢购、再缺货的循环下，小米靠粉丝营销和饥饿营销取得了成功。

有学者认为,在新媒体情境中,品牌互动对品牌价值化不仅有直接的影响,还通过品牌体验实现了中介效应。[①]因此,在新媒体时代,品牌可以采用直播带货、公益活动、跨界合作等方式,结合当下热点事件进行事件营销[②]。品牌体验是品牌价值实现的桥梁,而品牌互动是品牌体验推动品牌价值化的关键一步。因此,品牌须要增强消费者的品牌体验,以消费者为中心,秉持"用户至上"理念,在培养用户黏性的同时,塑造粉丝效应,鼓励消费者积极主动地参与到品牌推荐的环节当中,从而对抗潜在的负面信息,更有甚者将品牌体验转化为品牌价值的一部分,从而实现用户对品牌建设的参与。这也是新媒体时代企业创造品牌价值的传统观念向企业与消费者共同创造品牌价值的观念的转变。

第二节　品牌传播的变化性管理

一、注重传播内容与媒介环境的协调一致

以尼尔·波兹曼为代表的媒介环境学派[③]认为,不断进化的媒介塑造了不断变化的媒介环境,不同的文化形态诞生于不同的媒介,因而媒介环境的构成具有鲜明的媒介技术性。这一方面体现在技术造就环境的自主性技术逻辑,另一方面表现为不同媒介技术的差异性文化构型。[④]

媒介环境是一种区别于自然环境的人造环境,是符号的、意识的、社会

---

① 徐鑫亮、孟蕊、徐建中:《新媒体情境下基于互动的品牌价值实现机制研究》,《中国软科学》2021年第5期,第158—166页。

② 事件营销:品牌有计划地利用有新闻价值或者社会影响的事件,从而引发更多消费者甚至媒体关注,以此树立良好的品牌形象,增加品牌曝光度。

③ 媒介环境学派:由美国尼尔·波兹曼创立,该理论学派从麦克卢汉的"媒介即讯息"观点出发,研究媒介在社会中的作用。

④ 陈阳、詹志山:《"生态/环境/媒介"之辨:从媒介环境论、生态媒介迈向生态媒介论》,《当代传播》2022年第3期,第27—30页。

的环境。因此在不同的媒介环境中,品牌传播的策略要从媒介自身的世界性、媒介世界性的动态互联的构成要素及媒介的本土性三个方面进行考虑。

例如,微博的简易化、平民化及实时化,为企业提供了一个展示品牌形象、品牌理念和个性的窗口。通过微博平台,企业即可开展关于产品及品牌信息的传播活动,与消费者进行品牌沟通。此外,微博的大众传播特性也为企业通过微博对公共舆论进行实时监控和跟踪打下了基础。企业通过微博可以随时关注公众言论,研判舆情波动,发现危机并进行紧急公关。2021年5月,蜜雪冰城针对郑州、武汉、济南个别门店私自篡改食材日期标签、违规使用隔夜材料等问题紧急发布致歉声明,获得了消费者的原谅,避免了对品牌形象造成致命打击。

小米在不同的社交媒体平台根据不同的用户需求开设不同的账号,并根据账号属性发布不同的产品信息内容,构建起一体化的品牌传播矩阵。小米在微博上开设"小爱同学""小米体育""小米音乐""小米应用商店""米家App"等多个账号,在微信公众号平台上开设"小米之家""小米手机""小米电视"等关联账号,在MIUI论坛开设"红米手机""电视盒子""智能硬件"等多个板块①,根据不同的媒介环境创设不同的账号,各账号内容和定位呈现差异化特点,从内容生产到用户在全球范围内进行覆盖,在传播内容和功能上进行差异互补,力求打造全方位的多重中心的立体化、辐射式传播矩阵。

因此,为顺应媒介环境的变化,应对新时代品牌的社会媒体传播过程,企业要整合构建出隶属于自身的独特的品牌传播体系。

(一)品牌传播的系统性定位

首先,企业要根据自身的品牌理论及发展规划,对投资者、合作者、竞争者、消费者进行定位。其次,对传播媒介进行定位。根据所属行业及产品的特性,考虑选择传统媒体、新媒体(社交媒体、互联网、移动互联网),或者两者相结合的方式进行传播。再次,对具体的传播形式进行选择,重视直播、短视频、公益活动、口碑或其他传播形式。

(二)针对性的传播策略

企业的宣传活动想要达到良好的传播效果,必须拉近品牌与消费者之

---

① 潘琳:《社交媒体环境下品牌传播互动研究》,上海师范大学硕士论文,2019年。

间的距离,搭建两者之间的情感联系,传递情感能量,以期获得广泛的共鸣和情感反馈。因此,企业须要创造出符合当前社会主流意识形态的品牌内涵,并强化多元的传播方式,进行线上线下联动营销,提升传播效果。除此之外,必须拓宽消费者与企业沟通的渠道,降低沟通门槛,灵活反馈方式,鼓励消费者对产品进行体验、分享及转发。

(三)创新品牌传播媒介系统

新媒体时代,企业不仅要通过报纸、广播、电视等传统媒体提高消费者对品牌的信任度,还须活用新媒体迅速拓宽品牌的知名度,利用微博、微信、抖音、论坛、搜索引擎等平台介绍品牌的理念文化、产品信息、发展规划,构建品牌社群,进行推荐营销,实现精准传播,形成快速联动的信息传播与反馈机制。

企业只有注重传播内容与媒介环境的协调一致、协同发力,才能塑造品牌理念,引起消费者的深度共鸣,才能使得品牌传播发挥更大的作用,产生更大的效能。

二、创新传播渠道

科技的进步与技术的变革推动着移动终端的普及,以电脑、平板、手机为代表的新媒体终端应运而生,并逐步改变着人们的生活方式和信息接收方式。在"互联网+"时代背景下,受众通过接触更加多元、多方位的媒体,更加便捷、高效地获取品牌与产品的相关信息。因此,企业在品牌建设与品牌传播过程中亟须更新与拓宽传播渠道。

(一)数字广告

数字广告是广告在数字时代背景下的产物。通俗来讲,即指投放在数字媒体上的广告,通常以文字、图像、音频、视频的形式呈现。其核心要素是数字广告技术。

媒介资源整合中心MAGNA盟诺发布的2021年12月版全球广告预测报告数据显示,全球范围内数字广告销售额达4420亿美元,数字广告现已占据全球广告销售总额的62%。新冠疫情影响下,中国数字广告支出增长

20%,达740亿美元(合人民币5080亿元),占广告预算总额的75%。①

与报刊广告、户外广告、广播广告等传统广告相比,数字广告重塑了广告的传播载体、表现形式、营销模式及传播方式。

1.传播载体

数字时代,广告的主要传播媒介由传统媒体向数字媒体迁移。传统广告的传播载体多为报纸、杂志、广播、电视、楼宇等,而数字广告的传播载体依托于互联网,诸如手机、电脑、平板、数字电视等智能设备和移动终端。

2.表现形式

传统广告多以静态的平面广告为主,如街道上分发的传单、高速公路上的广告牌,其传播特点是直线单向的。而数字广告重新定义了广告的形式,创造出诸如链接广告、弹窗广告、流媒体广告、植入式广告等,形式更加丰富多样。目前在中国,搜索广告在数字广告中占比最大,占广告预算总额的57%,且中国五大数字媒体(阿里巴巴、腾讯、百度、新浪和搜狐)共计掌握着75%以上的数字广告收入。②数字广告时代,广告与内容之间的界限变得模糊,广告的意义不仅是销售产品,还有输出理念,这在无形当中助推着企业理念的传播。

3.营销模式

传统广告时代,媒介资源集中于少数大型广告企业,大型广告企业掌握着媒介经营权和营销话语权。但在互联网时代,大众传播的"去中心化"使得各个中小企业都拥有"说话"的权利,"人人享有麦克风"。而部分互联网公司在流量和技术的加持下,可以制订更有针对性、更具个性化的营销策略,实现精准营销和智能化营销。

4.传播方式

传统媒体时代,多以简单直接的销售广告为主,其传播方式是单向流动的,且缺乏实时的反馈。而数字时代,消费者的主体意识和主体地位得到提升,企业和消费者是平等的传播主体,相互之间进行着平等的主动选择和自由攫取。

在数字广告的飞速发展下,传统广告逐渐被市场淘汰。数字广告良好

① 盟博:《全球广告市场再创新高,超越疫情前水平——2021年12月版MAGNA全球广告预测》,《中国广告》2022年第2期,第83—88页。

② 盟博:《全球广告市场再创新高,超越疫情前水平——2021年12月版MAGNA全球广告预测》,《中国广告》2022年第2期,第83—88页。

的用户体验、及时的互动反馈、精准化的信息传播等优势都为用户提供更加符合需求和期待的广告内容和产品信息,使得个性化服务成为可能。数字广告的飞速发展已是大势所趋。

(二)社交媒体

网络社交媒体(Internet social media)的出现,打破了原有的信息传播模式,传统大众传媒自上而下的线性传播模式向以用户为中心的双向甚至多向传播模式转移。社交媒体在形式和内容上更加新颖多样,且用户在信息传递过程中主动性更强,更愿意积极接收和发布信息,从而激发出能够带来商业价值的粉丝效应。目前我国网络社交媒体已经逐步发展成一个完整的生态体系。

与传统的营销方式相比,社交媒体投入成本更少、内容更丰富、传播更迅速,因此,越来越多的品牌倾向于通过社交媒体平台推动建立与消费者之间的联系。其中,最为大众所熟知的便是"电商+社交"模式。第49次《中国互联网络发展状况统计报告》数据显示,截至2021年12月,我国网络购物用户规模达8.42亿人,较2020年12月增长5968万人,占网民整体的81.6%;直播电商用户规模为4.64亿人,较2020年12月增长7579万人,占网民整体的44.9%。[①]

电商直播行业在直播主体、商品来源和运营规范三个方面呈现出新的变化。

1.主体多元化

电商直播的蓬勃发展刺激着众多中小商户跻身直播带货行业。数据显示,2020年淘宝直播近1000个过亿直播间中,商家直播间数量占比超55%[②];快手科技2021年第二季度绝大部分电商交易额均来自私域流量[③]。

2.商品本土化

电商直播对农产品的销售产生了巨大且良好的影响。疫情期间,为解决农产品严重积压问题,央视推出多个农产品直播带货活动,助力各地农产品的销售。央视联合李佳琦发起"我为湖北拼个单"大型农产品直播带货活

① 中国互联网络信息中心:《第49次〈中国互联网络发展状况统计报告〉》,2022年2月25日,https://www.cnnic.cn/n4/2022/0401/c88-1131.html。

② 《淘宝直播2021年度报告》,2021年5月9日,https://www.sohu.com/a/465474801-121094725。

③ 《快手科技2021年中期报告》,2021年10月10日,https://max.book118.com/html/2021/1009/8067112047004016.shtm。

动,在央视主播朱广权和淘宝主播李佳琦的配合下,总计4000万元的湖北省农产品在一秒内被售空。

3.运营规范化

电商直播井喷式发展的同时也带来了许多商业弊端。《关于加强网络直播规范管理工作的指导意见》《网络直播营销管理办法(试行)》等政策的陆续出台,完善了电商直播行业的相关制度,直播体系逐渐完善,商家滥用权力的行为受到约束,消费者权益逐渐得到保障。

(三)直播

随着移动互联网的普及和直播技术的发展,许多企业越来越重视网络视频直播平台的建设。通过网络直播互动,企业发起包括宣传企业文化、发布产品信息、直播新品带货等一系列品牌营销宣传活动。这也是互联网时代企业紧贴市场需求和消费者心理变化而进行的品牌传播营销策略的改变。网络直播在互联网时代呈现出强大的优势。

1.增强品牌的宣传效果

移动互联网时代,受众接收信息的方式逐渐碎片化,短视频相较于传统的图文结合的广告形式,更能刺激消费者的感官体验。且直播可以在短时间内实现众多观众的同时"虚拟在场",宣传活动更加快捷、高效和精准,一场直播可同时实现广告宣传和商品交易的双重目的。

2.增强与消费者的互动性

过去,企业和消费者之间存在着信息获取的不平等,且单向的广告宣传形式无法在消费者与企业之间建立直接的联系。消费者无法将消费体验及时反馈至企业,而企业也难以根据消费者的反应进行产品的优化和策略的调整。而网络直播的优势可以解决企业和消费者之间存在的沟通问题。通过直播技术,企业可以让消费者更加直观清晰地了解产品信息,这大大紧密了企业与消费者之间的心理距离,也无疑增强了消费者对企业的信任和忠诚。

3.增强精准营销的可能性

目前,企业通过网络直播精准定位到目标消费群体,并对其进行用户画像分析。部分企业通过网络直播技术制作并优化宣传内容,并在视频直播平台上进行产品推广,开展诸如产品解说会、促销会、分享会等活动,让用户获得更加真实的产品体验,感受品牌文化的输出。

将直播、品牌与企业三者合一的品牌营销方式,可以让消费者更大程度地接受品牌,提升对品牌的好感度。在当今社会,直播技术已经深刻影响着人们的日常工作和生活,因此,利用好直播技术为企业产品销售甚至品牌传播添砖加瓦,为众多企业在制订策略的过程中提供了新的思路。

三、强化舆论管理

河南郑州暴雨事件中,国货品牌鸿星尔克向河南捐款5000万元,这引发网友热议。作为国货老品牌的鸿星尔克成了各大平台的话题焦点,也因此重新回归大众视野。

2021年7月22日,一开始鸿星尔克发布捐款微博,反响平平,部分网友不平,纷纷自发为鸿星尔克转发评论。当晚,鸿星尔克相关词条占据微博热搜,且舆情声量在7月24日、25日达到顶峰,热度持续将近一周时间。借此机会,鸿星尔克的线上和线下销售额都达到了高潮。7月23日至24日,鸿星尔克品牌官方旗舰店淘宝直播间销售额突破1.07亿元,总销售量达64.5万件,直播间观看人次近3000万人。

一场暴雨,让鸿星尔克在消费者心中成了有担当的民族企业,网友们带着"支持国货"的情绪为鸿星尔克宣传推广,而鸿星尔克也借此舆论获得了网友的尊重,在国货品牌中迅速崛起。

品牌传播的过程,说到底是品牌为创造一个利于自身存在与发展的舆论环境的过程。只有把控好舆论风向,才能对负面舆论进行及时的化解,并利用正面舆论提升品牌价值和品牌美誉度,继而提升品牌在消费者心目中的竞争力和地位。

而不同舆论场的舆论对于消费者来讲,其可信度也是不同的。相较而言,官方舆论场因其强大的社会公信力,往往具有较高的社会认可度,因此在品牌传播过程中,企业可以多和政府建立良好的联系,以政府公信力为背书,为自己打下牢靠的信任基石。同时,企业也须关注民间舆论场——网络新媒体平台,时刻盯紧微博、微信、论坛等社交媒体中形成的舆论风向,或积极引导舆论至有利于品牌建设的方向,或通过影响KOL来影响消费者,为增强用户对品牌的忠诚度提供舆论支持。通过官方与民间两个舆论场的互联共通,不断跟进、互动、循环,营造并保持话题热度,使之升华成舆论核心,从而在互联网上引发下一轮的讨论热度,让消费者在认知和情感两方面树立起对品牌的信任和认同,实现舆论对品牌的推力。

四、组建品牌传播团队

维护品牌建设还需要专业的品牌团队,只有通过专业的人才团队,才能实现从内容、制作到宣发、售后全方位的品牌维护。

IBM中国新媒体品牌传播团队由负责人、策划组、文案设计组、视频制作组、媒介管理组构成,通过专业的团队配合让IBM中国的市场活动更加丰富,资源调配更加合理,内容制作更加精细。[①]

企业要通过内部提升及外部招聘,组建专业团队。由负责人带领整个团队成员,确定品牌的核心理念及策划方向,再由各部门各司其职,发挥所长。对于内部管理团队,要定期组织开展品牌相关的业务知识和技能培训。品牌建设是一个长期的过程,而品牌传播团队是一个不断优化品牌效能的系统,必须有周密且完备的整体规划,并脚踏实地、与时俱进,才能夯实品牌根基,勇立行业潮头。

第三节　全媒体矩阵助推精准传播

为迅速扩大"雀巢咖啡1+2"的品牌认知度,提升产品的年轻化调性,瑞恩传媒通过"人群分析＋多维度精准定向＋搜索行为浏览"定位目标人群,并建立专属人群数据库,成功实现目标人群递增和品牌价值提升的广告目标。

瑞恩传媒根据"引流＋优化＋数据库"的营销思路,采用人群定向、动态创意、重拾访客等定向技术对PC端和移动端媒体的目标人群进行捕捉和覆盖。瑞恩传媒锁定雀巢广告投放的核心人群为26—35岁的白领,关注有咖啡、甜点、巧克力等购买需求的目标族群,并根据每次的投放情况进行算法策略调整,并于投放的中后期在雀巢咖啡官网和App中开启访客找回功能,向对雀巢咖啡有购买意向的客户进行再次推送广告,提高意向客户的转化率。此外,瑞恩还实现了PC＋移动的多屏联动的跨屏投放,实现投放效果

[①] 　刘纵横:《IBM中国的新媒体品牌传播管理案例研究》,大连理工大学硕士论文,2021年。

的最大化。

此次广告投放周期内曝光总量为328,553,886次,获得有效点击为8,121,574次,点击率为2.47%,经过人群过滤及优化,不断积累目标用户并进行重拾访客,点击率持续上升,峰值为2.91%,超额完成既定目标。

一、精准营销为品牌传播带来革新

精准传播是随着数字技术与数据应用而出现的一种传播方式,是精准思维和精准要求在传播领域的具体体现和运用。[①]在遵循传播规律的基础上,精准传播是以提高传播效率为目标,结合人工智能算法技术,提高信息传播在品牌领域精确程度的过程。

精准营销是在精准定位的基础上,依托现代信息技术建立个性化的顾客沟通服务体系,是公司为获得更加精准、可衡量和高投资回报的营销传播计划。精准营销需要在充分了解顾客信息的基础上,针对用户喜好,有针对性地对产品营销,是将直复营销[②]与数据库营销合二为一的营销新趋势。

（一）实现传播过程的精准把控

品牌在传播过程中,通过对传播过程的实时监控,降低信息失真的可能性,在确保信息真实高效的基础上,尽可能放大其传播效果。

确保信息传递的高效性,品牌要做到以下几点。

（1）生成创新的内容。鼓励用户自发生成信息,即UGC（用户生成内容）,这也是确保信息传递高效性的关键一步。

（2）定位合适的受众。品牌在制定传播策略之前,要先对品牌针对的受众进行定位。受众的习惯、偏好都需要极其精准的定位。在此基础上,信息的传递才是高效准确的,才能在受众和企业之间传递情感能量,产生情感联系。

（3）选择适宜的媒介。互联网时代,选择适宜的传播载体尤为重要。

（4）选择正确的时机。企业在合理分析前三者的前提下,把握适当的、

---

① 赖风、郑欣：《人工智能算法与精准国际传播的实现路径》,《阅江学刊》2021年第6期,第77—87,136页。

② 直复营销:以盈利为目标,通过个性化的沟通媒介向目标市场成员发布信息,以寻求对方直接回应（问询或订购）的管理过程。

准确的时间点进行营销宣传,才能达到最佳的传播效果。

(二)改善用户的消费体验

精准传播通过大数据分析用户的消费行为,形成用户画像。在对产品进行市场定位的基础上,通过相应标准对用户进行分级管理,区分核心用户与潜在用户,并对其展开有针对性的营销活动。消费者在获得更加有效的信息时,能更加快速地进行选择,从而拥有更加良好的消费体验。

(三)明确企业的发展方向

基于优化用户体验的精准营销,可以帮助企业明确其业务目标和方向。通过向目标用户提供产品和服务,精准营销可以有效提高产品的影响力。基于大数据的精准营销的发展,鼓励企业在经营和发展的过程中找出目标受众的共同特征,从而聚焦产品和服务的针对性,促进其进一步的创新与完善。

二、全媒体矩阵助推精准传播

全媒体指媒介信息传播采用文字、声音、影像、动画、网页等多种媒体表现手段,利用广播、电视、报纸、网站等不同媒介形态,通过融合的广播网络、电信网络及互联网络进行传播,最终实现用户借助电视、电脑、手机等多种终端均可完成的信息融合接收,实现任何人在任何时间、任何地点、任何终端获得任何想要的信息。

品牌传播的目标,是要实现品牌在横向和纵向两个方向的立体式发展,即深度和广度的全面发展。通过拓展打造全媒体平台,在传统媒体和新媒体平台拥有不同类别的粉丝群,并根据不同受众群的特色,通过公共媒体进行多维度重复覆盖,完成精准营销。通过对传播内容的精细化制作,在垂直领域不断升级并凝练自身的品牌特色,创造用户的独特个体感知,实现深度传播。只有实现两个维度的双向打造,才能让品牌传播在全媒体时代实现精准分发,发挥最大优势。江小白通过多渠道保持品牌热度,并通过加强产品品质管理提升企业形象,再通过提高线下活动覆盖率及线上互动率持续与消费者保持沟通,利用大数据精准触达目标客户,在短短4年内突破4亿元销售额,成功打造属于年轻人的青春小酒品牌。[①]

精准用户与精准传播不同,精准传播是指在精准用户的基础上,针对目标用户进行有效的传播,从而获得高效的反馈。先确定某一群体,再选择某一传播媒介,通过不断地信息输出与沟通,使用户在每日的信息接收过程中产生较强的个体感知。然后结合大众媒体进一步触达受众内心,通过大众媒体的曝光扩大营销范围,并对不同的媒介进行组合运营,巩固精准用户的感知,从而达到更高效的精准传播。

品牌通过多种呈现形式,搭建用户的"认知穹顶",实现精准传播,从而提升品牌的传播力、引导力和影响力。

三、建议与展望

(一)培养精准营销人才队伍

互联网时代,品牌传播缺乏专业的人才团队,因而需要学校、企业、社会培养一批精通计算机、市场、心理、管理等学科的高素质的复合型人才。同时,企业内部也须对员工开展系统化的知识和技能培训,从而提高员工的业务水平及营销能力。

(二)重视大数据运用能力

对于现代企业而言,精准营销是指在对企业所收集到的用户信息进行细化分析的基础上,开展营销活动。精准营销必须依托现代信息技术,以用户需求为导向,对产品和服务进行准确定位,实现一对一的个性化服务。因此,企业必须注重大数据的收集及运用能力,为精准营销打下坚实的基础。

(三)树立创新意识

为了丰富营销战略,企业需要树立创新意识,即在营销层面的创新理念和思维,并及时、积极地改进和调整营销过程中的流程、战略和活动。企业通过对大数据技术的运用,可以有效地提高网络营销的质量和效果,并且深

---

① 马智萍:《全媒体营销时代中小企业品牌建设研究》,《中小企业管理与科技(上旬刊)》,2020年第12期,第156—157,160页。

入了解营销的最佳形式和内容。在此基础上,对其进行重新组合,用于推广更大范围的产品,从而实现营销活动的二次创新。

精准营销是互联网时代营销战略因时而变的产物,已经随着网络技术的发展深入社会的各个行业当中。各大企业要积极运用精准传播和精准营销的理念,创新营销意识,挖掘用户独特的购买动机和消费欲望,触达用户的个性化诉求,为其提供优质的产品及服务,这将给企业发展和品牌传播带来更加理想的效益。

拓展阅读

[1] 科雷亚,陈科典,刘春泉.流动消费者:数字时代的未来增长与品牌管理[M].谢怡,沈礼莉,译.上海:上海交通大学出版社,2019.

[2] 何佳讯.战略品牌管理:企业与顾客协同战略[M].北京:中国人民大学出版社,2021.

思考题

1.除了全媒体矩阵,当下还有哪些传播方式或手段兼具系统性和变化性?

2.结合具体品牌,分析该品牌传播管理是如何协调系统性和变化性的。

参考文献

[1] 邓肯,莫里亚蒂.品牌至尊:利用整合营销创造终极价值[M].廖宜怡,译.北京:华夏出版社,2000.

[2] 刘海龙.大众传播理论:范式与流派[M].北京:中国人民大学出版社,2008.

[3] 芒福德.技术与文明[M].陈允明,王克仁,李华山,译.北京:中国建筑工业出版社,2009.

[4] 莱特,基顿.重塑品牌的六大法则:麦当劳是如何为品牌重注活力的[M].吕熠,译.北京:中国人民大学出版社,2010.

[5] 洛克伍德.设计思维:整合创新、用户体验与品牌价值[M].李翠荣,李永春,等译.北京:电子工业出版社,2012.

[6] 弗雷泽,杜塔.社交网络改变世界[M].谈冠华,郭小花,译.北京:中国人民大学出版社,2013.

[7] 迈尔-舍恩伯格,库克耶.大数据时代:生活、工作与思维的大变革[M].盛杨燕,周涛,译.杭州:浙江人民出版社,2013.

[8] 醒客(陈世鸿).重新理解媒介[M].北京:中信出版社,2014.

[9] 西蒙森,罗森.绝对价值:信息时代影响消费者下单的关键因素[M].钱峰,译.北京:中国友谊出版公司,2014.

[10] 斯考伯,伊斯雷尔.即将到来的场景时代[M].赵乾坤,周宝曜,译.北京:北京联合出版公司,2014.

[11] 舒勒.触点管理:全新商业领域的管理策略[M].宋逸伦,译.北京:中国纺织出版社,2016.

[12] 吴军.智能时代:大数据与智能革命重新定义未来[M].北京:中信出版社,2016.

[13] 吴声.超级IP:互联网新物种方法论[M].北京:中信出版社,2016.

[14] 吴声.新物种爆炸:认知升级时代的新商业思维[M].北京:中信出版社,2017.

[15] 所罗门.消费者行为学:第12版[M].杨晓燕,苗学玲,胡晓红,等,译.中国人民大学出版社,2018.

[16] 凯勒,马里诺,华莱士.品牌物理学:隐藏在创意与故事背后的科学营销系统[M].崔学海,译.北京:中信出版社,2018.

[17] 斯丹迪奇.社交媒体简史:从莎草纸到互联网[M].林华,译.北京:中信出版社,2019.

[18] 阿克.管理品牌资产[M].吴进操,常小虹,译.北京:机械工业出版社,2019.

[19] 史芸赫.品牌人格:从一见倾心到极致信仰[M].北京:机械工业出版社,2019.

[20] 奥莱塔.广告争夺战:互联网数据霸主与广告巨头的博弈[M].林小木,译.北京:中信出版社,2019.

[21] 科雷亚,陈科典,刘春泉.流动消费者:数字化时代的未来增长与品牌管理[M].谢怡,沈礼莉,译.上海:上海交通大学出版社,2019.

[22] 郑龙伟,刘境奇.数字广告:新媒体广告创意、策划、执行与数字整合营销[M].北京:人民邮电出版社,2019.

[23] 张靖笙.大数据革命:大数据重新定义你的生活、世界与未来[M].北京:中国友谊出版公司,2019.

[24] 汤普森.引爆流行[M].师瑞阳,译.北京:中信出版集团,2019.

[25] 希勒著.叙事经济学[M].陆殷莉,译.北京:中信出版社,2020.

[26] 纽迈耶.品牌翻转[M].邹笃双,杜静,译.北京:现代出版社,2020.

[27] 郭鹏.年轻化:Z世代品牌爆发式增长法则[M].北京:机械工业出版社,2021.

[28] 查韦斯,奥哈拉,韦德亚.数据驱动:通过用户数据和人工智能重塑现代营销[M].古留歌,译.北京:中信出版社,2021.

[29] 何佳讯.战略品牌管理:企业与顾客协同战略[M].北京:中国人民大学出版社,2021.

[30] 福格.福格行为模型[M].徐毅,译.天津:天津科学技术出版社,2021.

[31] 朱坤福.爆品思维:打造非凡的产品力[M].北京:台海出版社,

2021.

[32] 柴剑平,王妍,倪业鹏,等.传媒数据学[M].北京:高等教育出版社,2021.

[33] 阳翼.数字消费者行为学[M].北京:中国人民大学出版社,2022.

[34] 阿鲁达.数字化的你:虚拟时代的个人品牌塑造[M].闻俊杰,译.北京:中国科学技术出版社,2022.

[35] 萨尔德哈.数字化转型路线图:智能商业实操手册[M].赵建波,邓洲,于畅,等,译.北京:机械工业出版社,2022.

[36] 卢泰宏.品牌思想简史[M].北京:机械工业出版社,2022.

[37] 潘琳.社交媒体环境下品牌传播互动研究[D].上海:上海师范大学,2019.

[38] 刘纵横.IBM中国的新媒体品牌传播管理案例研究[D].大连:大连理工大学,2021.

[39] SCHULTA D E. Integrated marketing communications: Maybe definition is in the point of view[J]. Marketing News,1993,27(2):17.

[40] 赵悦.整合营销理论研究综述[J].新闻世界,2012(5):198-199.

[41] 王淼.数据驱动的互联网广告效果监测研究[J].广告大观(理论版),2017(4):31-46.

[42] 徐鑫亮,孟蕊,徐建中.新媒体情境下基于互动的品牌价值实现机制研究[J].中国软科学,2021(5):158-166.

[43] 温寒,严波.自媒体时代短视频品牌传播策略研究——以李子柒品牌为例[J].企业改革与管理,2021(18):55-57.

[44] 陈阳,詹志山."生态/环境/媒介"之辨:从媒介环境论、生态媒介迈向生态媒介论[J].当代传播,2022(3):27-30.

[45] 盟博.全球广告市场再创新高,超越疫情前水平——2021年12月版MAGNA全球广告预测[J].中国广告,2022(2):83-88.

[46] 中国互联网络信息中心.第49次《中国互联网络发展状况统计报告》[EB/OL].(2022-02-25)[2023-05-16].https://www.cnnic.cn/n4/2022/0401/c88-1131.html.